埼玉の戦争遺跡

関口 和也

まつやま書房

はじめに

昭和二〇年八月一五日の終戦（敗戦……。どう呼ぶかでその人の歴史観が問われたりするのだが……。）から既に七〇年以上が経過した。人が死ぬ運命から逃れられない以上、戦争を体験した日本人は年々少なくなっていく。今後戦争がなければ、いつかゼロになってしまう。戦争がないのはいいが、歴史から学ぶ、という観点からすれば、戦争があったという歴史を語る「証人」は必要である。そんなことから、今「戦争遺跡」が注目されている。

筆者は一応史学科卒業で、今でも細々と中世城郭の研究を続けている。また、市役所就職後に文化財保護の部署に配属され、文化財の調査・普及に従事したこともある。本書に関係したところでは、埼玉県の近代化遺産調査や学童疎開調査にも関わった。筆者が城の研究を始めたころは、城は権力者のもの、戦争に関わるものとして研究の場ではどちらかというと忌避されてきた。ましてや、近代の戦争に関する遺跡など、ちょっと極端な言い方をすれば無視に近いような存在だったと思う。戦争に関する遺跡を積極的に保存しようとする考えはあまりなかったように思う。しかしながら、その後も戦争のない日々が続いたこと、沖縄を中心に「戦争遺跡」の価値が見直されてきたこと、近代化遺産の一部として戦争に関する遺跡が調査・研究の対象となったことなどから、次第にこうした雰囲気は変わってきた。「戦争遺跡」に関するガイドブックも出版されるようになってきた。関東でも、茨城・群馬・千葉・神奈川などの代表的な「戦争遺跡」を紹介した本が刊行された。しかしながら、埼玉県では今のところ、こうした本は出版されていない。また、インターネット上で「戦争遺跡」を紹介する記事もあり、そこで埼玉の「戦争遺跡」が取り上げられていることも多い。とはいえ、あるホームページに掲載されている遺跡が別のホームページでは掲載されていないこともあるし、あまり知られていないものについてはネット上で記事が探せないなど、情報はまだまだ断片的である。県内全域の「戦争遺跡」をまとめた本が欲しい。でも、出ない。欲しいけれども出ないのなら、自分で作ってしまおう……。それが本書刊行の動機である。

先述したように筆者の主な問題関心は城であって、近代については門外漢で、戦争についての知識は乏しい。もしかしたら、現役の受験生以下かもしれない。したがって、どうしてもいろいろな先行研究をコピーしたかのような記述となってしまうのは避けられない。多分、読んでいけば「この著者、あまり詳しくないなあ」「知識が浅いなあ」と気づかれてしまうと思う。でもそれでいいのだ。本書はあくまで「きっかけ」だと思っている。個々の歴史を語る本ではなく、研究書でもない。今残るモノの案内書だと割り切っていただければ良い。いずれ、より詳しい著者なり公的機関が、よりよい本を作っていただければそれでいい。それまで、県内の「戦争遺跡」に興味のある方の手伝いが少しでもできれば、本書は十分にその役目を果たせると思っている。

本書で扱う「戦争」は日清戦争から第二次世界大戦（太平洋戦争・十五年戦争・アジア太平洋

戦争・大東亜戦争……。こちらもどう呼ぶかでその人の歴史観が問われたりするのだが……。）までの対外戦争とする。また、「戦争遺跡」という言葉は、一方で対象が曖昧との評価もあり、それも一理あると思われる部分もある。本書では「戦争があったことを示すもの」といった意味合いで、記念碑など後につくられたものも含めて使用しているのでご了承願いたい。

本来なら知る限りのものすべてを紹介したいところなのだが、私有地や学校敷地・自衛隊敷地などにあって、所有者に迷惑がかかりそうな場所や立ち入りが制限されている場所、整備がされていないため危険な場所などはあえて紹介しなかったり、紹介しても地図上で所在地を明示しなかったりしていることをご容赦願いたい（既に市町村史等で位置が公表されているものは、紹介している）。誰だって、自分の土地に無断で入られたら、良い気はしないだろう。以前、ある市から城郭調査を依頼されたことがあり、ある山（所有者のご自宅の裏山）にあった城跡を調査した。調査成果は活字化されたのだが、公表直後からその山に無断で入る者が続出した。嫌になった所有者は、山を立ち入り禁止にしてしまった。調査自体にはとても協力的だったので、その後の「城好き」達の行為が相当嫌だったのだろう。そうなっては困る。やはり最低限のマナーは守ってほしい。自分さえ見られれば良い、というのではいけない。その点も考慮の上活用いただきたい。

なお、「埼玉県平和資料館（埼玉ピースミュージアム）」、「原爆の図丸木美術館」をはじめとする博物館・資料館については、直接の紹介対象とはしていないのでご了承いただきたい。

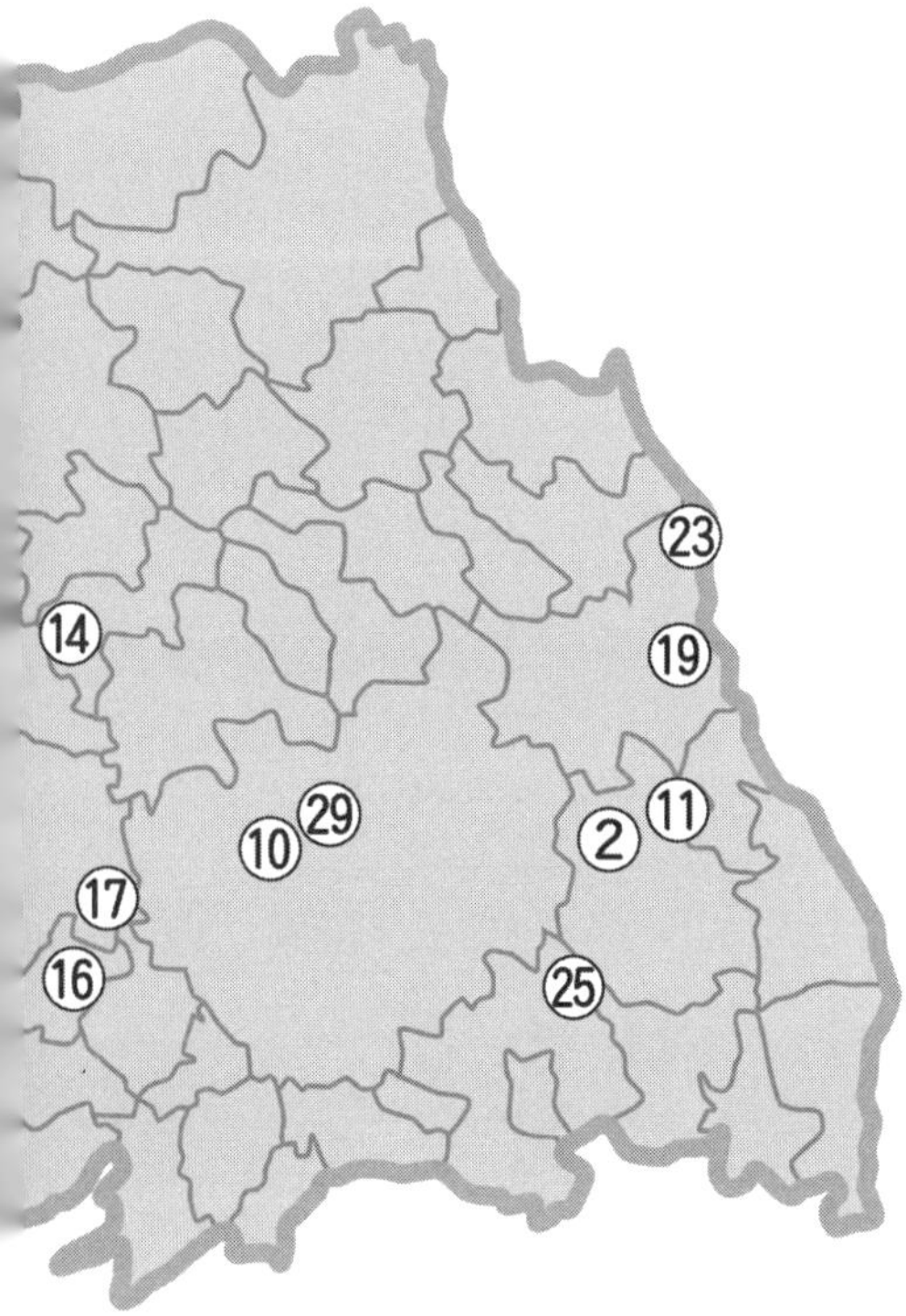

本書で紹介する埼玉県戦争遺跡

①所沢飛行場
②越谷飛行場
③狭山飛行場
④高萩飛行場
⑤坂戸飛行場
⑥松山飛行場
⑦小原飛行場
⑧児玉飛行場
⑨東雲寺の魚雷
⑩普門院の海軍兵器
⑪分捕品と戦利兵器奉納碑
⑫秩父御嶽神社
⑬熊谷陸軍飛行学校
⑭熊谷陸軍飛行学校桶川分教場
⑮陸軍航空士官学校
⑯東京第一陸軍造兵廠川越製造所
⑰浅野カーリット
⑱鉢形航空廠
⑲服部時計店南桜井工場
⑳深谷製造所
㉑高谷地下壕群
㉒吉見地下軍需工場
㉓江戸川耐重橋
㉔常光院の梵鐘
㉕Ｂ２９搭乗員慰霊碑
㉖上武大橋
㉗笹井空襲
㉘熊谷空襲
㉙埼玉縣護國神社
㉚世界無名戦士之墓

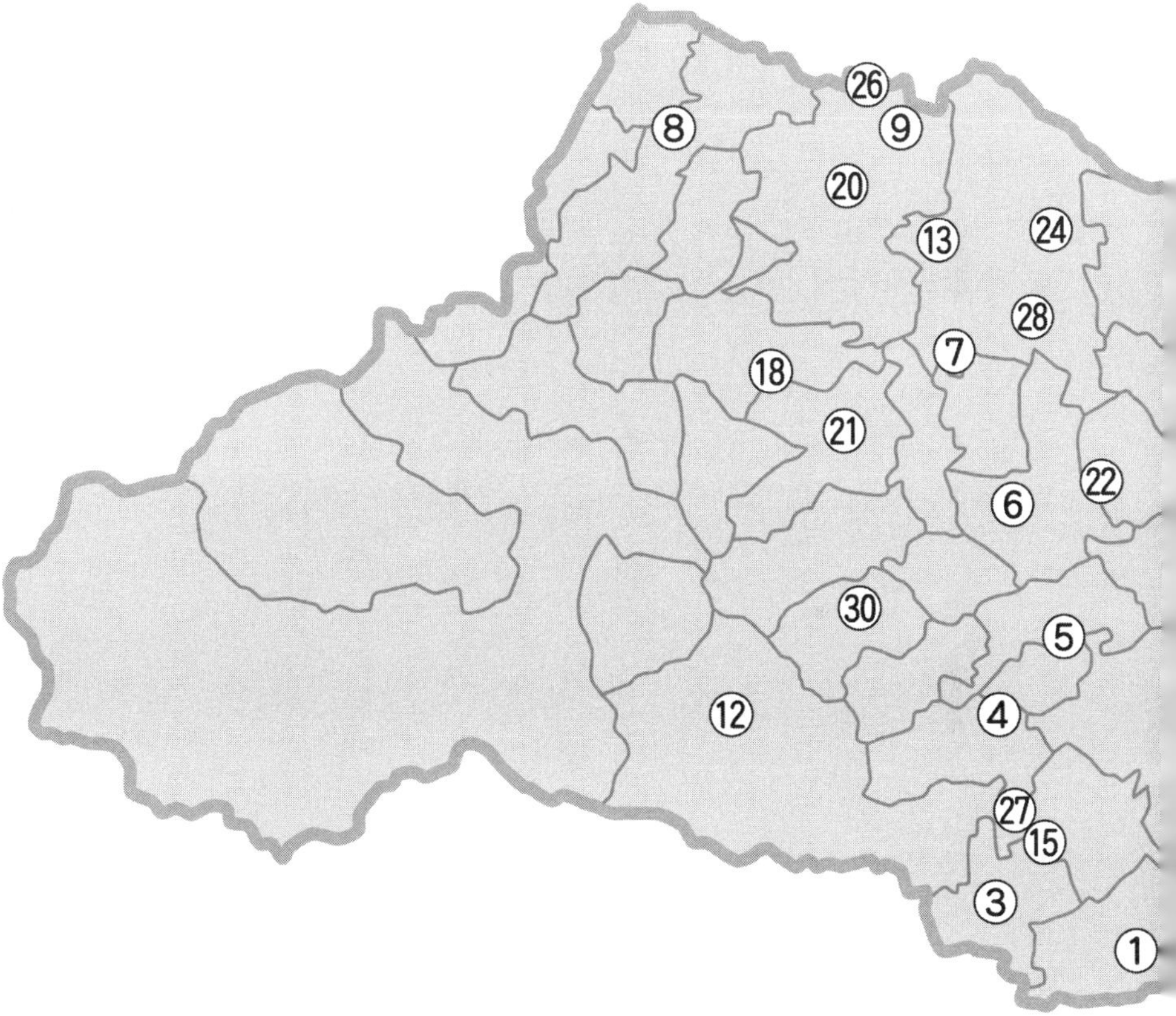

26
8
9
20
13
24
28
7
18
21
22
6
30
5
4
12
27
15
3
1

所沢市

所沢飛行場

「航空発祥の地・所沢」。市のシンボルマークは飛行機をベースにしているし、市のイメージマスコット「トコろん」は、頭にプロペラをつけている。これは、明治四四年四月、日本で最初の陸軍飛行場が、所沢町・松井村（ともに現、所沢市）に開設されたことによる。施設は前年にほぼ竣工していて、飛行機格納庫・気象測定所・軽油庫・滑走路があった。四月には徳川好敏大尉操縦のアンリ・ファルマン機が初飛行に成功している。大正元年の陸軍特別大演習では、一一月一七日に天皇の行幸があった。大正二年三月二八日には、所沢飛行場に向かうブレリオ式飛行機が墜落、木村鈴四郎陸軍砲兵中尉と徳田金一陸軍歩兵中尉が亡くなった。日本初の飛行機墜落死亡事故である。

施設は何度か拡張されている。第一回の拡張交渉は大正七年一一月から始まった。第一次世界大戦の過程で飛行機の重要性を認識した軍部が、施設の充実のために企画したものと考えられる。その後も飛行場は拡張が繰り返され、当初七六・三haだった敷地は三六五・三haとなっている。

防衛研究所図書館蔵の、昭和一八年四月調によると、概要は次ページの表のとおり。

所沢陸軍飛行場　入間郡所沢町

面積	東西一、八〇〇米　南北二、〇〇〇米
地面ノ状況	概ネ平坦ナルモ南北ー北東ニ向ケ緩徐ナル下リ片勾配ヲ為ス 硬度ハ普通ニシテ一面ニ良好ナル植芝密生ス
目標	所沢町、村山、山口両貯水池
障碍物	場内中央ニ格納庫多数アリ
離著陸特殊操縦法	著陸方向ハ通常南又ハ北トス
格納設備	格納庫（大型、小型機用）多数アリ
照明設備	場周灯アリ
通信設備	
観測設備	陸軍気象観測所アリ、航空気象ヲ観測ス
給油設備	完備ス
修理設備	修理施設完備ス
宿泊設備	兵舎アリ
地方風	全年ヲ通ジ北風多シ
地方特殊ノ気象	暴風ハ三及四月ニ多シ、霧ハ七、八月頃多ク、雷雨ハ七月及八月頃来襲ス
交通関係	所沢駅（武蔵野鉄道）南方約二粁
其ノ他	

飛行場は航空教育の場として重視された。大正八年四月に陸軍航空学校が創設される。大正一三年には所沢陸軍飛行学校となり、昭和一二年に陸軍士官学校分校の新設に伴って廃校となった。少年航空兵教育のための東京陸軍航空学校（のちの東京陸軍少年飛行兵学校）は昭和八年に設置され、昭和一二年に村山村（現、武蔵村山市）に移転した。昭和一〇年には陸軍航空技術学校が創立、後に立川町（現、立川市）に移転。一二年には陸軍士官学校分校、所沢陸軍航空整備学校が新設される。陸軍士官学校分校は翌年豊岡町（現、入間市）に移転。所沢陸軍航空整備学校は昭和二〇年二月に閉校し、第三飛行教育隊と所沢教育中隊に再編成された。

設立が古いためか、県内のほかの軍関係

施設と比べて町場との関係が深い。設立については、町民も歓迎していた。明治四四年の初飛行の際には多くの見物客が訪れた。周辺では絵葉書や玩具が売られ、見物客はこれを土産に買い求めた。「将校ハウス」と呼ばれた士官向けの洋風建築の貸家が建てられた。遊郭もあった。所沢飛行場駅・所沢飛行場前駅もあった。

一方で、飛行場の存在もあってか所沢町は頻繁に空襲を受けている。昭和一九年一二月三日の空襲では死者一名、負傷者六名が出た。昭和二〇年になると所沢町では空襲一五回のほか、宣伝ビラも散布された。

終戦後、飛行場には進駐があり、基地として使用されなかった部分は開拓地となった。その後、米軍通信基地として利用されている地域を除き、基地跡地は公共施設や住宅が建設された。中心部は所沢航空記念公園となり、平成五年開設の所沢航空発祥記念館がある。

公園一帯は「航空発祥の地」として市の史跡となっている。記念館前、C―46の脇に「航空発祥の地」の記念碑がある。記念館の南西には「所沢航空発祥一〇〇周年記念碑」があり、「明治四四年四月一日この地に我が國で初めて飛行場が開設されました」と刻まれている。その南、東西方向に走る窪みがかつての滑走路跡である。東端には明治四四年四月にこの地を飛び立ったアンリ・ファルマン機をイメージしたモニュメントがあるほか「一九一一年の所沢飛行場」と題した旧施設の案内図と、実景にアンリ・ファルマン機を合成した写真を載せた案内板がある。茶室彩翔亭（かつて格納庫があった場所）の南西付近には「大正天皇御駐輦之跡」碑がある。天皇行幸を記念して建立された。また、「日本航空の父」と呼ばれるフランス航空教育団の団長、フォール

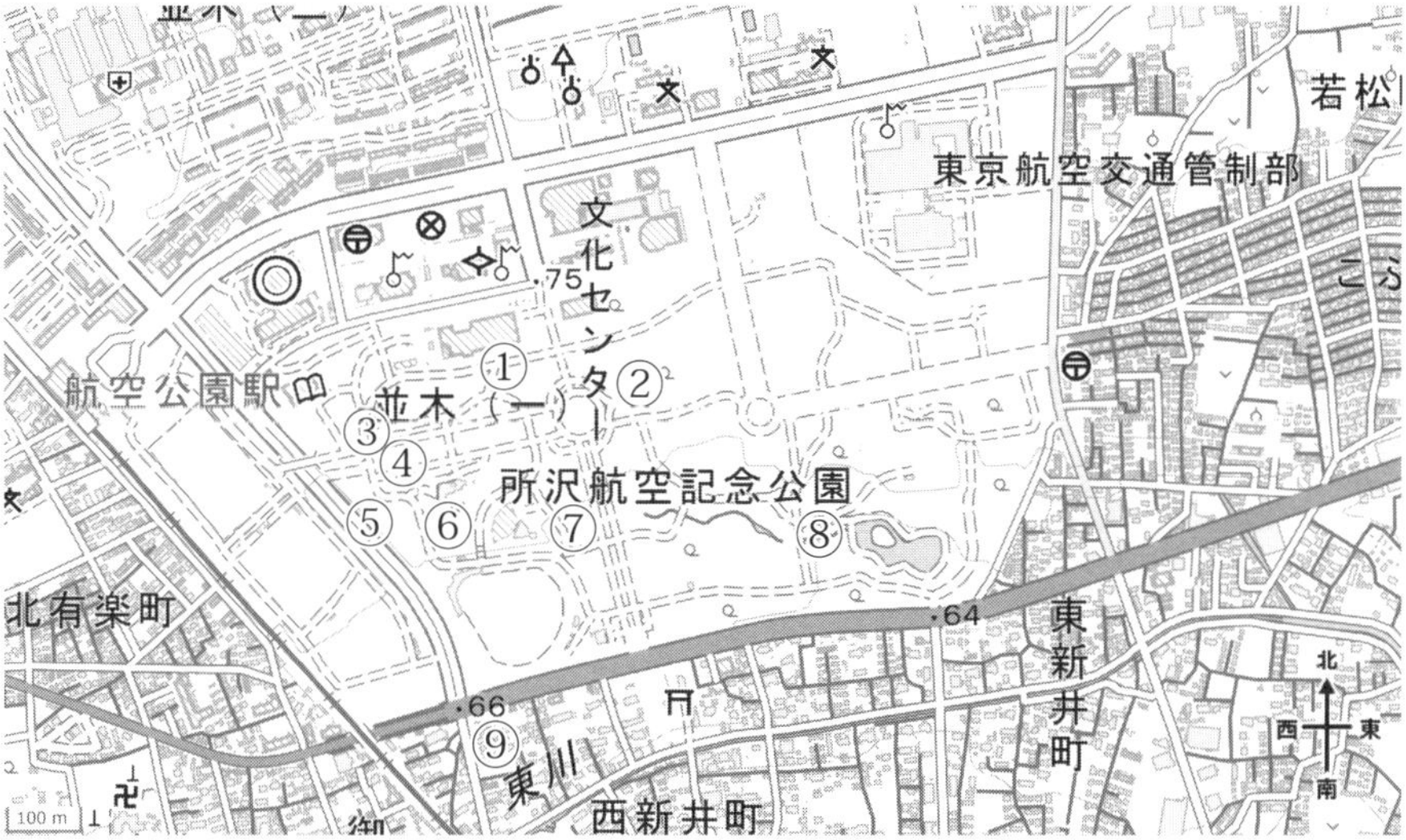

【所沢飛行場跡地図】
①航空発祥の地記念碑　②航空整備兵の像　③ 100 周年記念碑
④旧滑走路　⑤大正天皇御駐軍之跡　⑥フォール大佐像
⑦防空壕　⑧木村・徳田両中尉像　⑨陸軍用地杭
出典：国土地理院発行 2.5 万分 1 地形図

所沢航空記念公園遠景

記念館前に展示される
「中型輸送機 C-46」と
「航空発祥の地碑」

所沢航空発祥記念館

アンリ・ファルマン機を
イメージしたモニュメント

所沢航空発祥百周年記念碑

大正天皇御駐輦之跡

大佐の胸像がある。昭和三年四月に所沢陸軍飛行学校の校庭に建立されたものだが、金属供出により台座だけが残っていたのを復元したものである。野外ステージ東側に一本のコンクリート製の杭のようなものが建っている。特に説明板はないが、アメリカ軍が駐留している際に、防空壕のあった場所である。元は飛行場にあったものを利用したものだが、戦後日本に防空壕…というのは気になる。滑走路跡の東側には昭和一九年五月二一日に航空整備学校内に建てられた「航空整備兵の像（少年飛行兵像）」が移設されている。南東に下った池の脇には墜落事故で亡くなった木村・徳田両中尉像がある。当初は墜落地にあったが、何度か移転を繰り返し、現在地に落ち着いている。

フォール大佐胸像と
来日した団員の名前が刻まれた
プレート

防空壕跡

木村・徳田両中尉像

航空整備兵の像（少年飛行兵像）

公園周辺を見てみよう。所沢市消防団第二分団前に「陸軍用地」と刻まれた杭が残っている。陸軍東京憲兵隊赤坂憲兵分署隊所沢分遣所に伴うものである。南にある旭橋は、飛行場開設の際に造られた。最初は土橋であったが、飛行場の拡張により昭和五年三月に架け替えられた。国登録有形文化財になっている。

所沢市消防団第二分団前にある
「陸軍用地」の杭

掛け替えられた旭橋

所澤神明社には飛行場があったことに由来する鳥船神社（所澤航空神社）があるほか、大正天皇行幸記念碑がある。

新光寺には昭和二年七月二八日の事故で亡くなった畑少佐・伊藤大尉を供養するため昭和一六年に建てられた「航空殉難英霊供養塔」がある。

同境内の大正天皇行幸記念碑

鳥船神社（所澤神明社内）

航空殉難英霊供養塔（新光寺）

下富調整池は、飛行場の廃水処理のため、昭和一六年に建設された。周辺には誘導路があり、掩体壕も造られていた。県内にあった掩体壕は、戦争末期に造られたものが多いためか、ほとんどが土塁によるものであったが、所沢では鉄筋コンクリート造りのものもあった。現存するものはない。

飛行場とは直接関係はないが、所沢市役所西口玄関前広場に広島市役所旧庁舎の被爆敷石が移設されていることを紹介しておきたい。

現在の下富調整池の様子

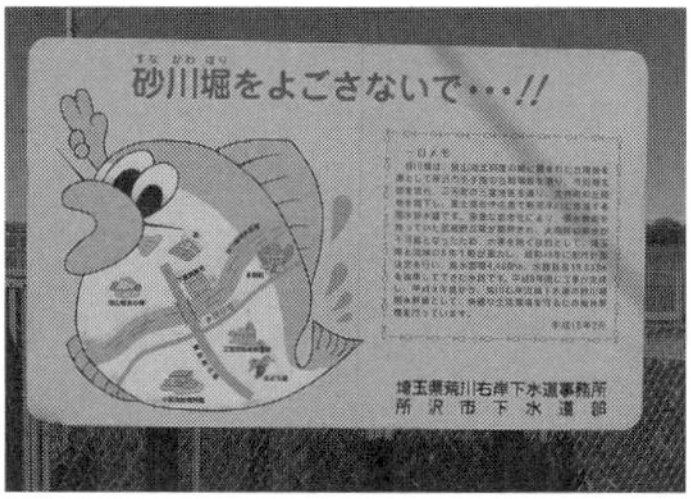

下富調整池と砂川堀の案内看板

市役所西口玄関前広場にある被爆敷石

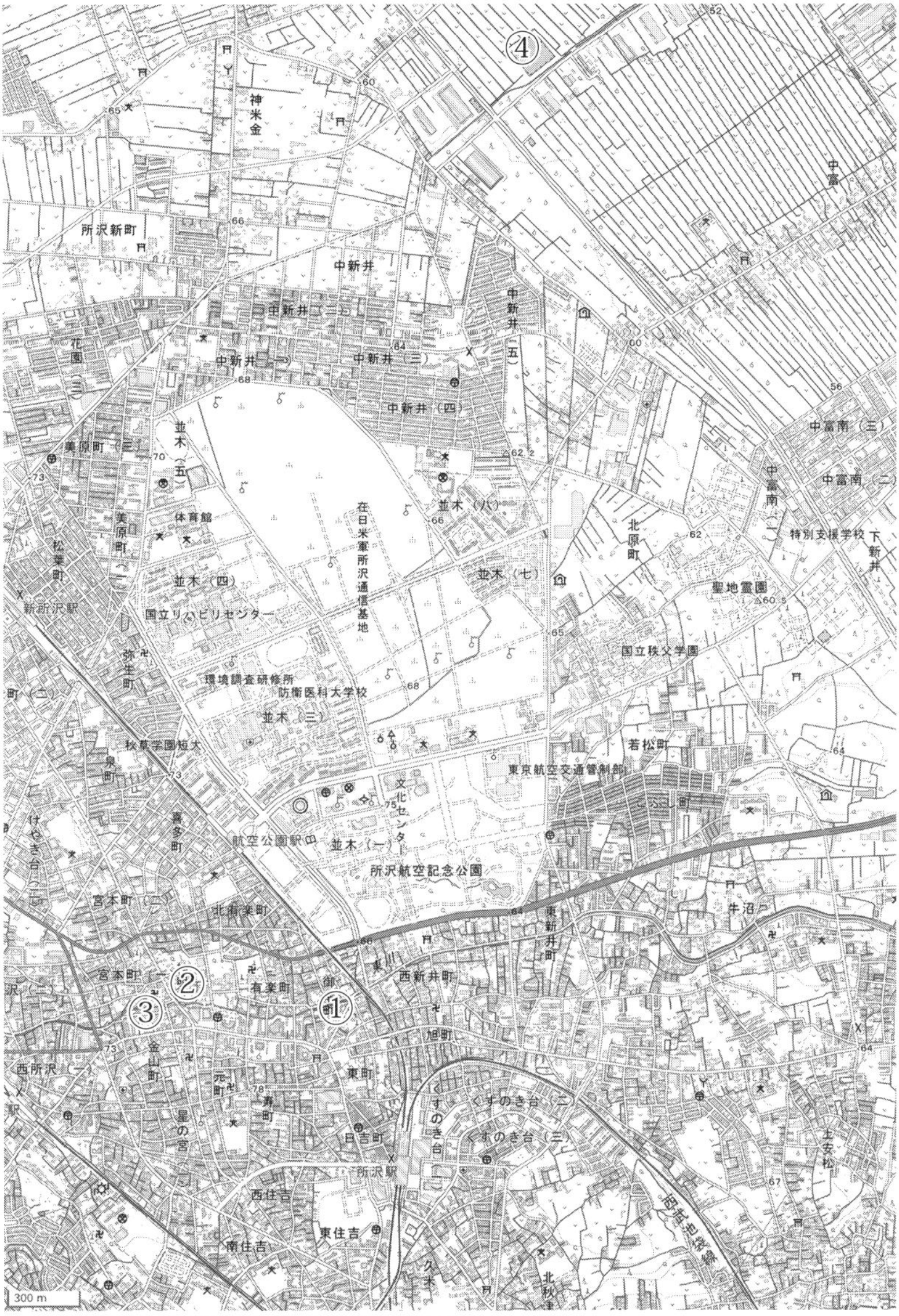

【所沢飛行場跡周辺戦争遺跡地図】

①旭橋　②所澤神明社　③新光寺　④下富調整池

出典：国土地理院発行 2.5 万分 1 地形図

参考文献

所沢市史編さん委員会『所沢市史　文化財・植物』　所沢市　一九八五
埼玉県『新編埼玉県史　資料編二〇　近代・現代二　政治・行政二』　一九八七
所沢市基地対策協議会『基地返還を求めて』　所沢市企画部基地対策室　一九八九
所沢市史編さん委員会『所沢市史　現代資料』　所沢市　一九九〇
所沢市史編さん委員会『所沢市史　下』　所沢市　一九九二
埼玉歴史教育者協議会『知っていますか　埼玉と戦争』　一九九五
里田冴子「掩対壕と飛行場周辺の民たち」　所沢市教育委員会『所沢市史研究』二一　一九九八
所沢市教育委員会『富岡・所沢の石造物』　二〇〇〇
所沢市教育委員会『小手指・新所沢・並木の石造物』　二〇〇四
所沢市教育委員会『ところざわ歴史物語』　二〇〇六
所沢市教育委員会『飛行機、浦町、ディープなマチ場』　二〇一六
三上博史「思い出で綴る故郷・所沢散歩」（ホームページ）
所沢市ホームページ
所沢市立所沢図書館ホームページ
「戦争遺跡データベース」（ホームページ）

越谷飛行場

南埼玉郡新和村および荻島村（さいたま市岩槻区末田・越谷市小曽田）にあった。論田飛行場・荻島飛行場・新和飛行場など様々な名前で呼ばれる。

昭和一九年六月（七月とも）から建設工事を開始。工事の暗号名は「ソヒノコ」。当初は昭和一九年九月二〇日完成予定であった。飛行場設定隊七〇〇名により工事が始まったが、勤労報国隊や強制動員された朝鮮人労働者も加わり、翌年の八月上旬には完成したとされる。昭和二〇年四月の勤労奉仕隊追加出動要請では、優秀な作業員と一般の作業員で賃金に格差を設け、しかも日銭で払うなど突貫工事であった。しかしながら水田を埋めたため離着陸には向かなかったようだ。完成後は一機の不時着機が着陸しただけで、一度も使われなかったと言われる。しかし、「雷電」「屠竜」などが着陸したと記憶されている方もいるので、検証が必要だろう。

昭和二〇年一〇月一一日から二一年一月まで四〇〇人ほどの連合軍が駐留。その間、付近に多く生息していた白子鳩は進駐軍の銃による乱獲により絶滅の危機に瀕したという。その後新和村・荻島村では飛行場跡地の返還運動が起こり、結果的に耕作可能な場所は返還された。兵舎等

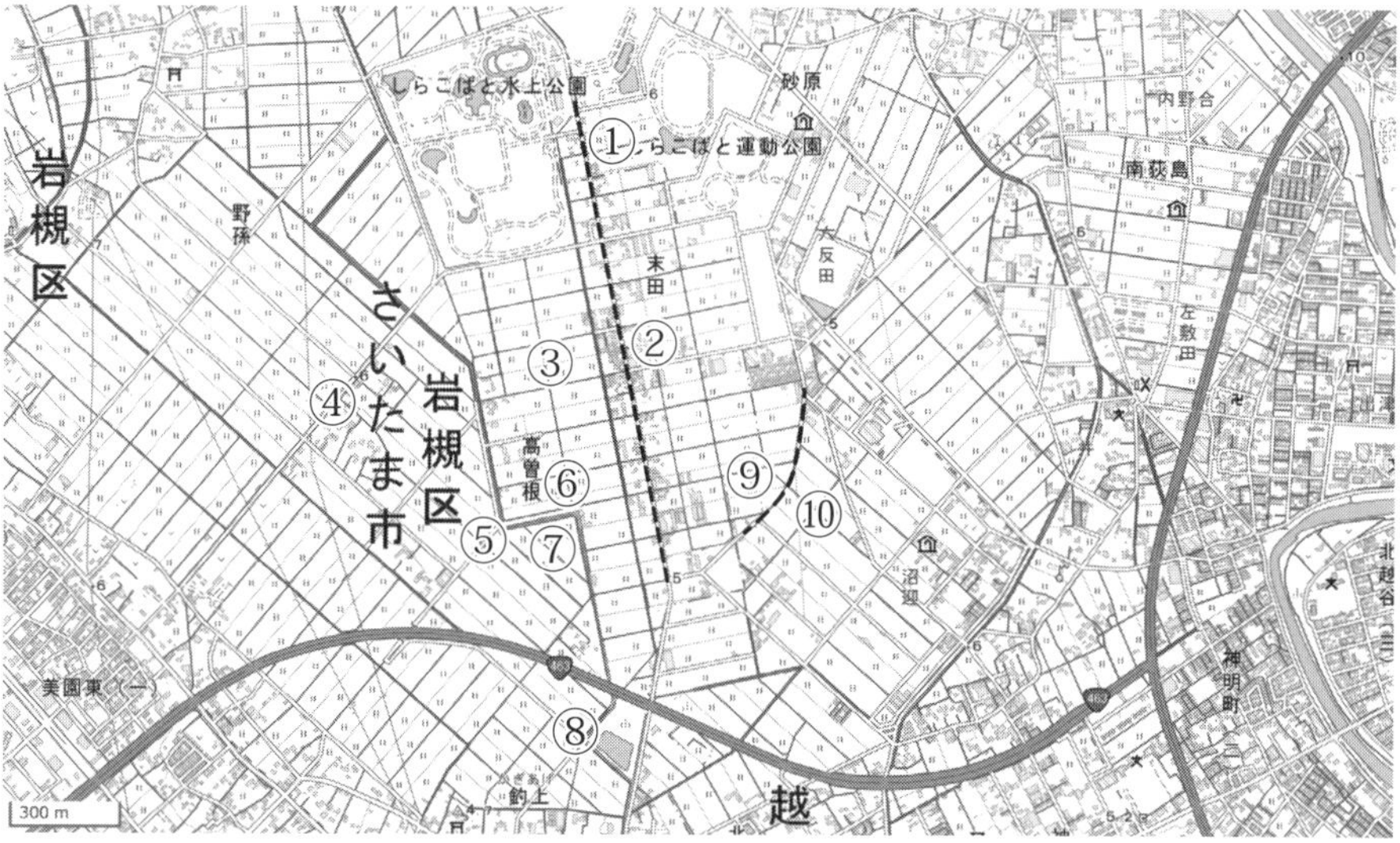

【越谷飛行場跡地図】
①滑走路（点線）　②コンクリート跡　③暗渠 1
④鉄塔　⑤石橋　⑥コンクリート構造物　⑦鉄塔　⑧新堀池
⑨暗渠 2　⑩旧誘導路（点線）

出典：国土地理院発行 2.5 万分 1 地形図

越谷飛行場跡から発掘された出土品
【教育参考館撮影（航空自衛隊熊谷基地内）】

はしばらく残っていたが、付近の住民や入植した引揚者等が燃料不足から板等を持ち去り、無残な姿をさらしていたという。

現在、県営しらこばと水上公園の歩道橋付近から南に延びる道は、かつての滑走路跡である。越谷西高等学校の南端から、直線道路を南下して、道がやや西に曲がるあたりまでが滑走路だった。公園の一部は兵士の射撃訓練場であった。道を南に進むと、東側に滑走路のコンクリートの跡と思われるものがあるが、はっきりしない。西側のしらこばとメモリアルパークに向かうと、途中に南北に延びる暗渠が残っている。大きな石の混じったコンクリート製で、いくつもの穴が

しらこばと水上公園歩道橋

直線道路

暗渠

開いている蓋がかぶさっている。

しらこばとメモリアルパークの西方には鉄塔の基礎が残っている。しらこばとメモリアルパーク西側の溝を南下すると石橋がある。コンクリートの様子を見ると暗渠の蓋や鉄塔の基礎と類似している。飛行場の施設かどうかはわからないが、戦後の空中写真を見ると既に存在している。

その北東に建物の基礎と思われるコンクリート製の構造物がある。「近代史跡・戦跡紀行～慰霊

穴が開いている暗渠の蓋

石橋

鉄塔の基礎

建物基礎と思われるコンクリート製の構造物

巡拝」では、先述の鉄塔基礎と、南側に残る鉄塔基礎を結ぶ線の下にあることから、変電系の施設ではないかと推定している。「戦争遺跡データベース」では格納庫跡と推定している。南側の道を東に進むと、別のコンクリート製構造物が残っている。格納庫跡地（「戦争遺跡データベース」では兵舎跡）とされる。

その東には暗渠の延長部分があり、南を見ると水田の中に鉄塔基礎が残っている。滑走路跡の道に戻って南に進む。道がカーブする手前に東に向かう道があるが、かつての誘導路跡である。さらに南、国道四六三号バイパスとぶつかる交差点の南西隅にある新堀池は、飛行場の雨水処理のために造られた池である。特に標識はない。埋め立てられていて、かなり狭くなっているという。誘導路跡に戻って東に進むと、東側の暗渠がある。西側のものと同様の造りだが、こちらはその後造られた水路によって断ち切られている。南東には兵舎があった。

暗渠

新堀池

東側の暗渠

場所は離れているが、滑走路の一部が、さいたま市岩槻区南平野の稲荷神社に石碑として保存されている。鳥居の南側に立つ「興農事業完成記念碑」で、裏面に「碑石ハ新和飛行場ヨリ運搬使用セル」と刻まれている。牛車によって運ばれてきたという。

航空自衛隊熊谷基地内の教育参考館には、越谷飛行場の出土品が展示されている。

稲荷神社にある
「興農事業完成記念碑」

①稲荷神社（さいたま市岩槻区南平野）
出典：国土地理院発行 2.5 万分 1 地形図

参考文献

「太平洋戦と荻島飛行場」（『広報こしがや』五七四）一九七八
岩槻市『岩槻市史　近・現代史料編Ⅱ　新聞史料』　一九八一
岩槻市『岩槻市史　近・現代史料編Ⅰ　近代史料』　一九八四
岩槻市『岩槻市史　通史編』　岩槻市　一九八五
荒谷仁「ロンデン飛行場史話」『川のあるまち　越谷文化三三』　越谷市教育委員会　二〇一五
「〈戦後七〇年〉越谷に旧日本陸軍の飛行場　朝鮮人の子も建設加わる」（埼玉新聞　二〇一五年九月八日　ホームページより）
加藤幸一「戦後六〇年の幻の荻島飛行場」（ＮＰＯ法人越谷市郷土研究会ホームページ）
「レファレンス協同データベース」（ホームページ）
「空港探索」（ホームページ）
「近代史跡・戦跡紀行～慰霊巡拝」（ホームページ）
「戦争遺跡データベース」（ホームページ）

狭山飛行場

狭山陸軍飛行場は、現在の入間市狭山台・狭山ヶ原・中神一帯にあった。当時の金子村・東金子村・元狭山村・宮寺村にまたがって建設されている。

防衛研究所図書館蔵の、昭和一八年四月調によると、概要は下記の表のとおり。

土地の買収交渉は昭和八年七月に開始、昭和九年一一月二九日には開場式が挙行されている。そもそもは所沢にあった陸軍航空学校の分飛行場として設置されたものであり、滑走路を持たない「面飛行場」であった。昭和一三年、陸軍航空士官学校の開校に伴い、そ

狭山陸軍飛行場　入間郡東金子村、元狭山村

面積	北北西―南南東一、三八〇米 西南西―東北東一、六七〇米
地面ノ状況	平坦且堅硬ニシテ芝及雑草疎ニ発生ス排水良好ナルモ降雨直後ハ地表稍軟弱ト為ル、冬季霜解ノ際ハ泥濘ト為ル
目標	山口、村山両貯水池、入間川
障碍物	北方ニ高サ一五米ノ高圧電線アリ
離著陸特殊操縦法	各方向共著陸可能
格納設備	格納庫（五〇×五〇米）二棟、其ノ他三棟
照明設備	障碍物標示灯アリ
通信設備	
観測設備	陸軍気象観測所アリ、航空気象ヲ観測ス
給油設備	燃料補給可能
修理設備	応急修理可能
宿泊設備	兵舎アリ
地方風	全年ヲ通ジ冬季ハ概ネ北風（秩父颪）多ク夏季ハ概ネ南風ナリ
地方特殊ノ気象	
交通関係	豊岡町ヨリ「バス」ノ便アリ
其ノ他	本場ハ陸軍航空士官学校分教場ナリ

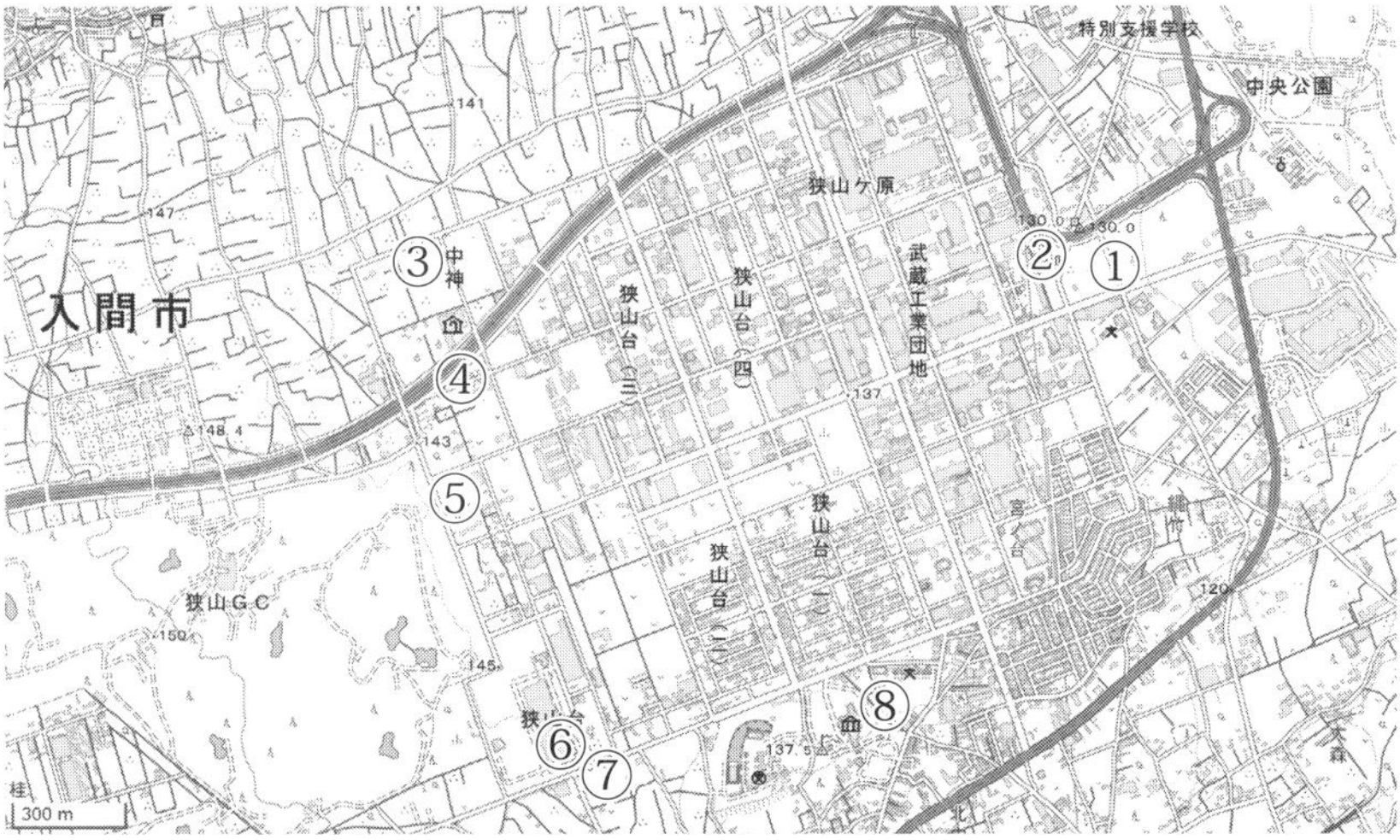

【狭山飛行場跡地図】
①掩体壕　②狭山開墾の碑　③コンクリート構造物 1
④コンクリート構造物 2　⑤コンクリート構造物 3
⑥学舎の跡碑（株式会社中村屋敷地内）　⑦境界杭
⑧入間市博物館　出典：国土地理院発行 2.5 万分 1 地形図

の分教所となる。敷地は昭和一二年、一五年に拡張されている。一五年には格納庫も新築されている。他に給水塔、防火用水池などがあった。格納庫や兵舎は敷地西側の端にあった。

空襲もあり、また上空で空中戦が行われたこともあったようだ。戦後は進駐の後、農地として開放され、兵舎は後に狭山中学校の校舎として利用された。兵舎のあった場所は後に大妻女子大学狭山台キャンパスとなり、現在は株式会社中村屋の敷地となる。南東角に「学舎の跡」と題した説明板がある。

入間インター南西に掩体壕が残っている。いくつかあったものの一つである。山林となり、周辺は落ちた葉が堆積して歩きにくくなっていて、冬場でも立ち入りは難しい。その西側には狭山開墾の碑がある。飛行場跡の開墾事業完成を記念したものである。なお現在の「狭山ヶ原」の地名は公募による。敷地北側には飛行訓練塔の土台と思われるコンクリート製の構造物が畑の中に残っている。その南、圏央道南側の茶畑脇にもコンクリート製の構造物二基がある。道路から遠望できるが、道が整備されていないので夏場に近づくのは難しい。さらに南の鉄塔脇にはエンジン試験台跡とされるコンク

圏央道入間インター南西にある掩体壕跡

狭山開墾の碑

リート製の構造物二基がある。前述の中村屋の南東角の道路の反対側には「陸軍」と刻まれた境界杭が残っている。近くの入間市博物館には、飛行場に関する展示もある。

なお、東方の中央公園には高射砲陣地があった。これについては朝鮮戦争時に作られたというが、戦時中にもあったとの説もある。

元狭山村二本木出身の関谷和氏は、飛行場についての思い出を語るとともに、当時を偲ばせるイラスト数点を描いている。近年『思い出のなかのおらーほー』としてまとめられたが、落下傘部隊の訓練、飛行場での模型飛行機大会、休日に練習機の座席に座らせてもらったこと、兵隊との交流などが綴られている。

コンクリート製の構造物 1

コンクリート製の構造物 2

コンクリート製の構造物 3

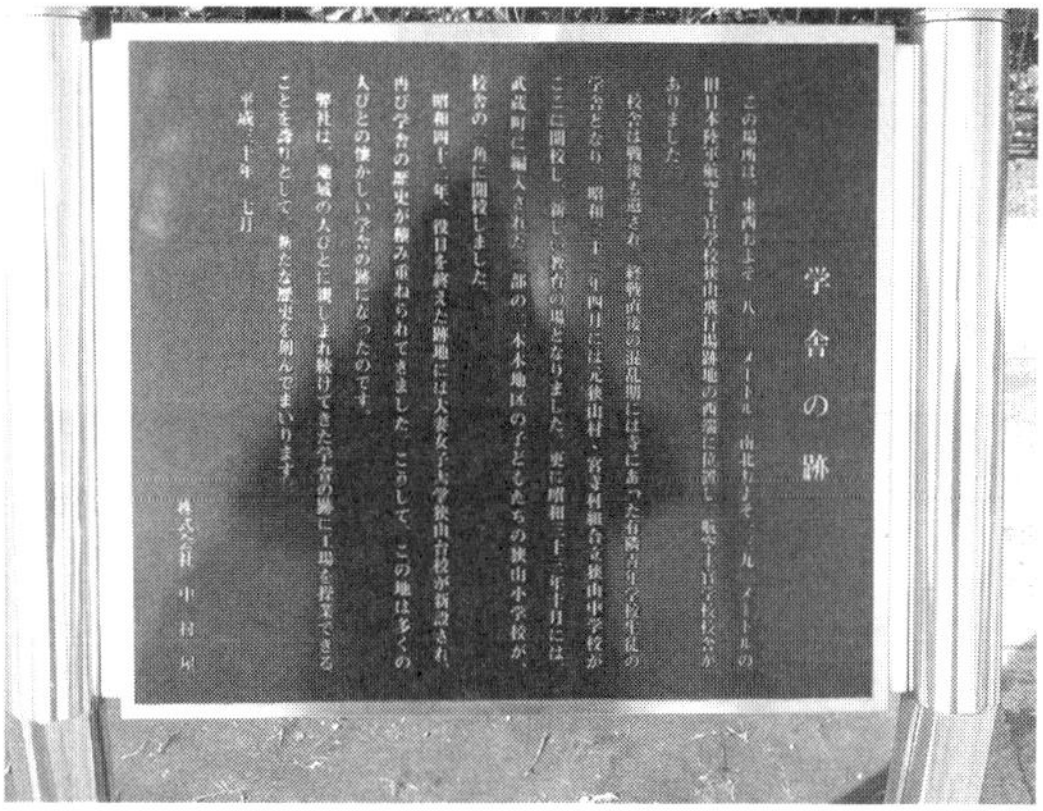

学舎の碑

「陸軍」と刻まれた境界杭

入間市博物館内にある模型展示

参考文献

記念誌大戦と金子の人々刊行会『大戦と金子の人々』　一九八六
埼玉県『新編埼玉県史　資料編二〇　近代・現代二　政治・行政二』　一九八七
入間市史編さん室『入間市史　通史編』　入間市　一九九四
埼玉歴史教育者協議会『知っていますか　埼玉と戦争』　一九九五
入間市博物館『いるまタイムカプセル』　二〇一一
梅津あづさ「狭山飛行場の変遷をたどる」　『入間市博物館紀要』一〇　二〇一三
「平和な狭山台の空に」（「広報いるま」二〇一八年七月一日号）
入間市博物館『思い出のなかのおらーほー』　二〇二〇
「近代史跡・戦跡紀行～慰霊巡拝」（ホームページ）

日高市

高萩飛行場

高萩陸軍飛行場は、日高市旭ヶ丘にあった。旧高萩村・高麗川村にまたがる。昭和一二年に陸軍省に買収され、昭和一三年一二月に陸軍航空士官学校の分教場として設置された。昭和一四年四月二七日には天皇の行幸があった。もともとは高萩村外二か村耕地整理組合が開拓していた場所であった。敷地は何度か拡張されている。格納庫四棟、本部舎、兵舎二棟、機材庫、車庫、庶務事務所、講堂、将校下士官用控室、炊事用建物などが敷地東側（現在のベイシア・旭ヶ丘病院近辺）にあった。内部は芝地で、コンクリートの滑走路はなく、石灰粉でラインを引いて離着陸の目安としていたという。墜落事故や、機銃掃射もあったという。

昭和二〇年、航空士官学校は満州に移転、空いた飛行場に陸軍飛行第一戦隊が配置された。本部は大家村（現、坂戸市）の役場に置き、兵隊は近所の寺を兵舎とした。戦後、昭和二〇年一二月には高萩飛行場開拓団による開拓地となった。

防衛研究所図書館蔵の、昭和一八年四月調によると、概要は次ページの表のとおり。

飛行場の明確な遺構は確認できないが、飛行場敷地外周の溝は、当時のものを踏襲している可

高萩陸軍飛行場　入間郡高萩村

面積	東西一、八〇〇米　南北一、一八〇米　総面積二一三万平方米
地面ノ状況	平坦且堅硬ナリ、殆ンド一面ニ張芝及雑草密生ス、降雨後ノ排水概ネ良好ナリ
目標	川越市、飯能町、東上線
障碍物	ナシ
離著陸特殊操縦法	著陸ハ東側格納庫寄リニ於イテ南北方向ヲ可トス
格納設備	格納庫（四〇×五〇米）二棟、（三〇×三五米）二棟
照明設備	
通信設備	高萩郵便局（電信及電話取扱）東方約七〇〇米
観測設備	ナシ
給油設備	燃料補給可能
修理設備	ナシ
宿泊設備	川越市ニ旅館数軒アリ
地方風	全年ヲ通ジ北風多シ
地方特殊ノ気象	一―三月間ハ北風、四―七月間ハ南東風、八月ハ東風、九―一二月間ハ北又ハ北東風ナリ
交通関係	川越駅（東上線）ヨリ「バス」ノ便アリ
其ノ他	本場ハ陸軍航空士官学校分教場ナリ

高萩北公民館（日高市）内にある
高萩飛行場跡の標識

記念碑脇にある「開拓の碑」

高萩飛行場跡記念碑

能性はある。敷地東側には方形の池があるが、ほかの飛行場の状況を考えると、廃水池の可能性があるように思う。日高市立高萩北公民館内に高萩飛行場跡の標識がある。脇には最近修理された説明板もある。公民館西方の旭ヶ丘公会堂・旭ヶ丘神社の敷地内には平成二〇年一〇月に旭ヶ丘地主会によって建てられた「高萩飛行場跡」の記念碑がある。脇には昭和五三年に建てられた「開拓の碑」がある。

陸軍飛行第一戦隊の宿舎となった坂戸市厚川の大栄寺には、平成一二年八月一五日に飛行第一戦隊戦友会によって建てられた「飛行第一戦隊納翼の地」の碑がある。石碑の下部には飛行場跡で発見された四式戦闘機（キの八二）の炎上融解片が貼り付けられている。

ＪＲ武蔵高萩駅は飛行場跡に近接した南側にある。ＪＲ川越線の開通と同時、昭和一五年に開業した。天皇が航空士官学校（入間市）に行幸する際の最寄り駅で、駅舎には貴賓室と防空壕があった。現在は建て替えられている。

大栄寺（坂戸市）本堂と「飛行第一戦隊納翼の碑」

出典：国土地理院発行 2.5 万分 1 地形図

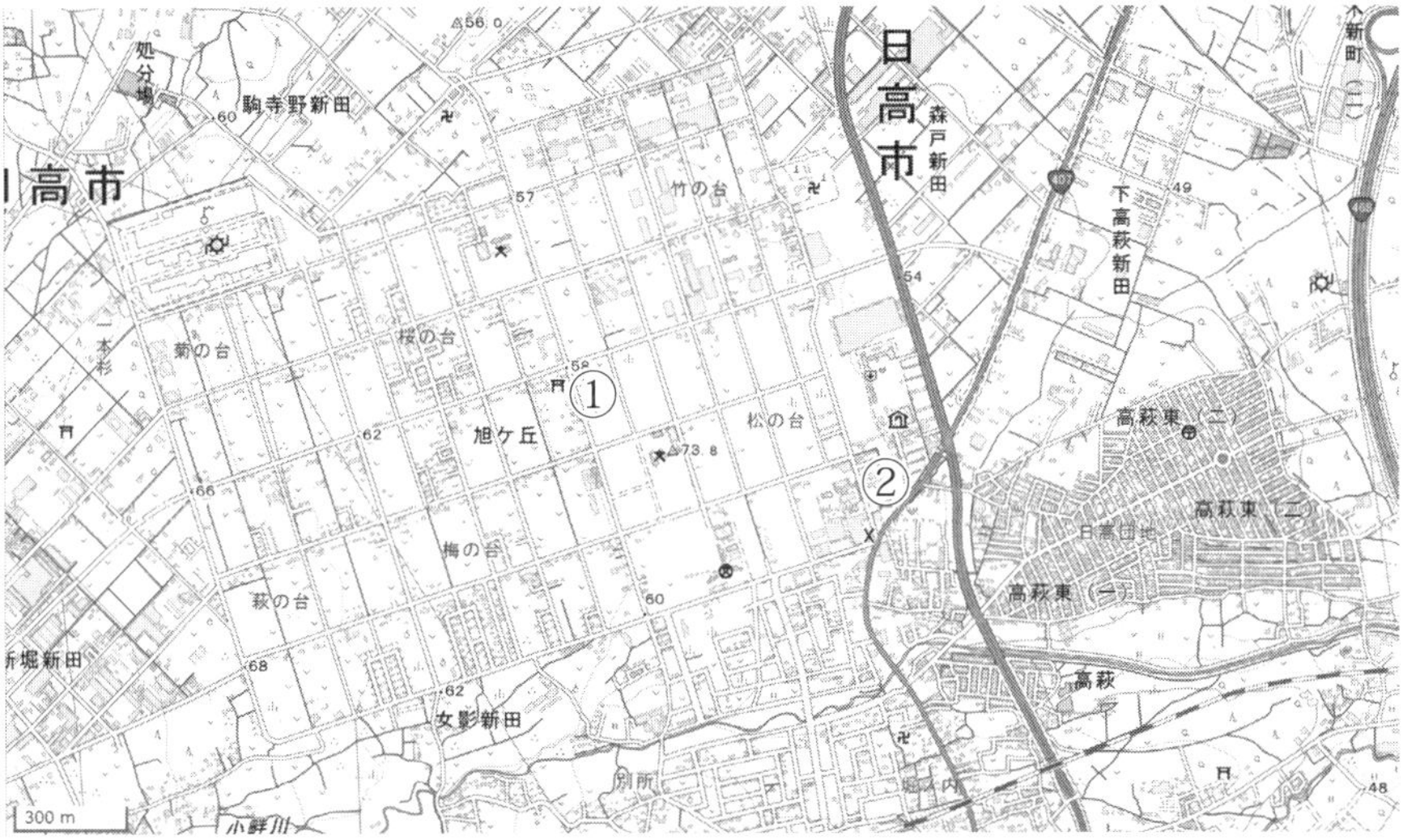

【高萩飛行場跡地図】
①旭ヶ丘神社　　②高萩北公民館
出典：国土地理院発行 2.5 万分 1 地形図

参考文献
埼玉県『新編埼玉県史　資料編二〇　近代・現代二　政治・行政二』　一九八七
日高市史編集委員会・日高市教育委員会『日高市史　近・現代資料編』　日高市　一九九七
日高市史編集委員会『日高市史　通史編』　日高市　二〇〇〇
横田八郎『ふるさとの記憶』　二〇〇一
日高市教育委員会『武蔵高萩駅』　二〇〇六
「高萩飛行場」（『広報ひだか』二〇〇八年一二月号）
大森美紀彦『日高歴史文化散歩』　二〇一八
九条の会さかどホームページ

坂戸市・鶴ヶ島市・川越市

坂戸飛行場

坂戸陸軍飛行場（陸軍航空士官学校坂戸飛行場）は、現在の坂戸市千代田、鶴ヶ島市富士見、川越市竹野にあった。当時の地名では坂戸町（現、坂戸市）・勝呂村（現、坂戸市）、鶴ヶ島村（現、鶴ヶ島市）、名細村（現、川越市）である。

防衛研究所図書館蔵の、昭和一八年四月調によると、概要は次ページの表のとおり。

当時、勝呂村助役であった新井正直氏の回想によれば、昭和一五年二月、突然陸軍少佐が役場にやってきた。そして、軍に必要な施設を建設するので、翌日関係者は坂戸小学校に集合しろという通知を配れとのことであった。予定地の所有者はすでに調べられていた。翌日には買い上げの手続きが終了、八月一五日までに受け渡せと言うことであった。

鶴ヶ島村の大塚野新田は全域が用地となったため、八戸九世帯が大字脚折の字一天狗（現在の鶴ヶ島市脚折一丁目）に移転。鶴ヶ島村五味ケ谷では用地内の二戸と、敷地外ではあるが飛行機の離着陸の障害になりそうな一三戸が五味ケ谷地内に移転。鶴ヶ島村戸宮は用地にはならなかったものの、用地によって村の他地域と分断されてしまった。結果として昭和一七年一二月、勝呂村

坂戸陸軍飛行場　入間郡坂戸町

面積	北西ー南東一、三〇〇乃至一、六〇〇米　北東ー南西一、五〇〇米
地面ノ状況	平坦且堅硬ニシテ植芝密生ス
目標	坂戸町、東武鉄道東上線
障碍物	東端ヨリ東方約二五〇米ニ低圧電線、更ニ五〇〇米ヲ距テテ高圧電線各一条アリ
離著陸特殊操縦法	
格納設備	大、小格納庫六棟アリ
照明設備	
通信設備	
観測設備	ナシ
給油設備	燃料補給可能
修理設備	ナシ
宿泊設備	ナシ
地方風	
地方特殊ノ気象	七、八月頃雷雨多ク、五月頃降雹アリ　一二月至翌年三月間ハ降雪アリ　冬季北風強吹シ気流ハ不良ナリ
交通関係	坂戸駅（東武鉄道東上線）西方九〇〇米
其ノ他	

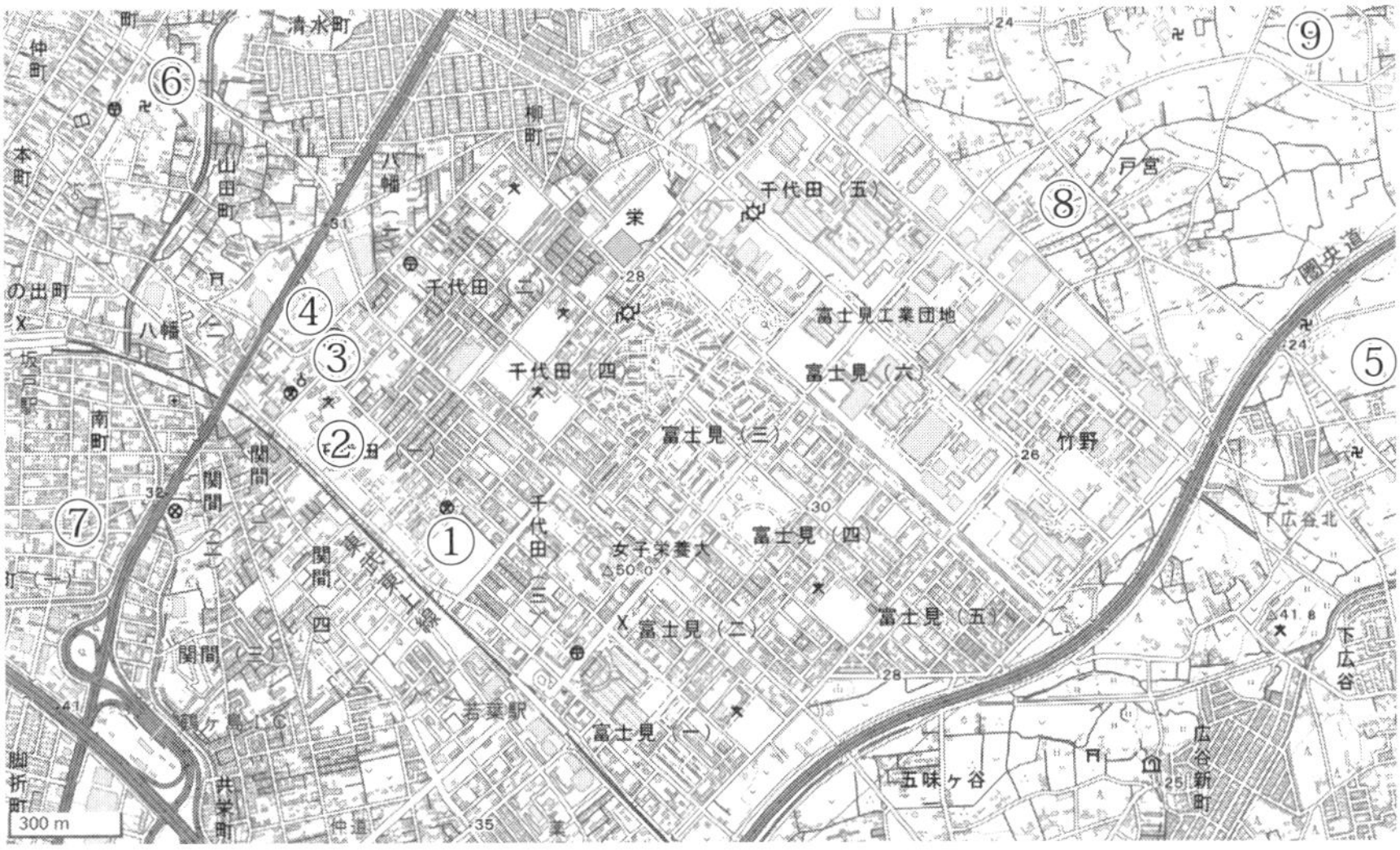

【坂戸飛行場跡地図】
①防火水槽（筑波大学付属坂戸高内）　②弾薬庫（市立坂戸中内）
③ペトン　④境界杭　⑤大堀山館跡　⑥永源寺
⑦御嶽神社（鶴ヶ島市脚折）　⑧御嶽神社（坂戸市戸宮）
⑨八幡神社（坂戸市戸宮）　出典：国土地理院発行 2.5 万分 1 地形図

に編入された。整地作業は主に請負業者が行ったが、地元でも作業隊を組織して応援した。

飛行場開き式典は昭和一六年五月二五日から挙行された。式は午前一〇時半から行われ、正午から中央格納庫で宴会となったという。また、予定されていた編隊飛行演習や落下傘投下等は雨のため中止となったという。初代場長は長島幸治中尉。格納庫には練習機が置かれていた。その他の施設としては滑走路・機関砲陣地・給水塔などがあった。戦局が悪化すると、周辺に掩体壕が造られたり、鶴ヶ島市の雷電池のほとりに三角兵舎が造られたりした。

訓練中の事故もあり、死亡者も出た。また、何度か爆弾を落とされたり、機銃掃射されたりした。昭和二〇年三月にはすべての飛行機が撤収していたという。戦後は開拓地となった。昭和二八年には防空壕から未処理爆弾が発見されたこともあった。

坂戸飛行場の遺構はいくつか残っているが、学校の敷地内に残っているものが多く、見学は難しい。筑波大学附属坂戸高等学校の中には防火水槽と思われるものが二基残っている。一基は校舎の入口付近にあるのでやや見学しやすい。坂戸市立坂戸中学校内には弾薬庫と伝わるコンクリート製の建物二棟が体育用具入れとして使われて残っている。校内には昭和六〇年代まで給水塔も残っていた。坂戸市役所の駐車場には「陸軍」と刻まれた境界杭が残っている。こちらも普段は杭の前に公用車が置かれているため、特に土日祝日は見学が難しくなっているのが残念である。市役所の別の駐車場はペトンの跡で、こちらは見学可能である。

弾薬庫

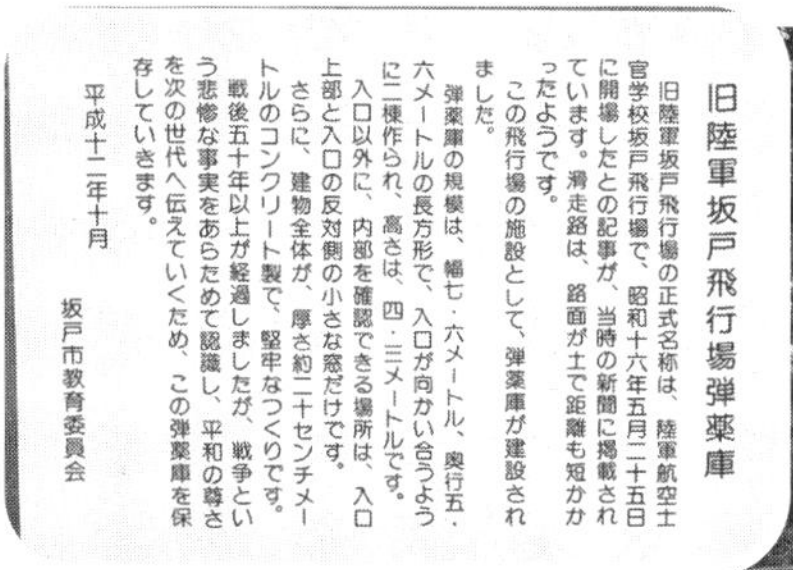

旧陸軍坂戸飛行場弾薬庫

旧陸軍坂戸飛行場の正式名称は、陸軍航空士官学校坂戸飛行場で、昭和十六年五月二十五日に開場したとの記事が、当時の新聞に掲載されています。滑走路は、路面が土で距離も短かかったようです。

この飛行場の施設として、弾薬庫が建設されました。

弾薬庫の規模は、幅七・六メートル、奥行五・六メートルの長方形で、入口が向かい合うように二棟作られ、高さは、四・三メートルです。入口以外に、内部を確認できる場所は、入口上部と入口の反対側の小さな窓だけです。

さらに、建物全体が、厚さ約二十センチメートルのコンクリート製で、堅牢なつくりです。

戦後五十年以上が経過しましたが、戦争という悲惨な事実をあらためて認識し、平和の尊さを次の世代へ伝えていくため、この弾薬庫を保存していきます。

平成十二年十月

坂戸市教育委員会

体育用具入れとして使われる弾薬庫

陸軍と刻まれた境界杭

駐車場にあるペトンの跡

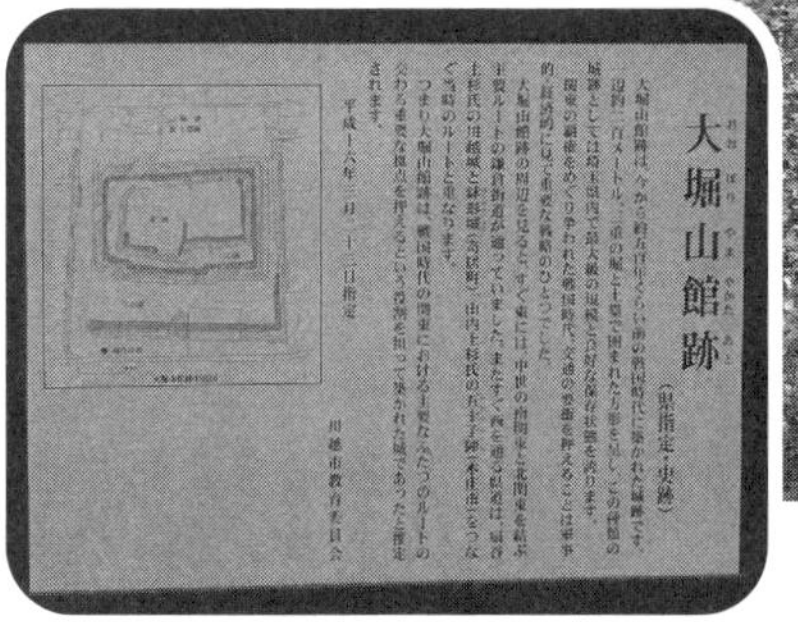

大堀山館跡に残る土塁

飛行場の外になるが、川越市の下広谷に大堀山と呼ばれる中世の城跡が残っている。主郭を中心として方形の土塁と堀を巡らすが、東側から主郭にかけて城跡の遺構を改造して道をつけ、飛行機を主郭に隠したという。城跡北側の土塁も凹状にへこんでいて、ここにも飛行機を隠したと思われる。北側にも城の遺構ではなさそうな堀と土塁が散見される。公園化されているわけではないので、下草の枯れる冬場の訪問が良いが、わかりにくい。

また、周辺にはいくつかの城跡が集中して残っていたが、現在はそれほど残りが良くない。大堀山の東側には構山と呼ばれる城跡があり、ここも城跡の土塁を改造して飛行機を隠していた。現在は墓地となってしまって残っていない。なお、中世の城跡の遺構を改造して掩体壕として利用した例は、県内では熊谷市の野原館がある。

造成工事の際に、数か所から板碑や甕などが出土し

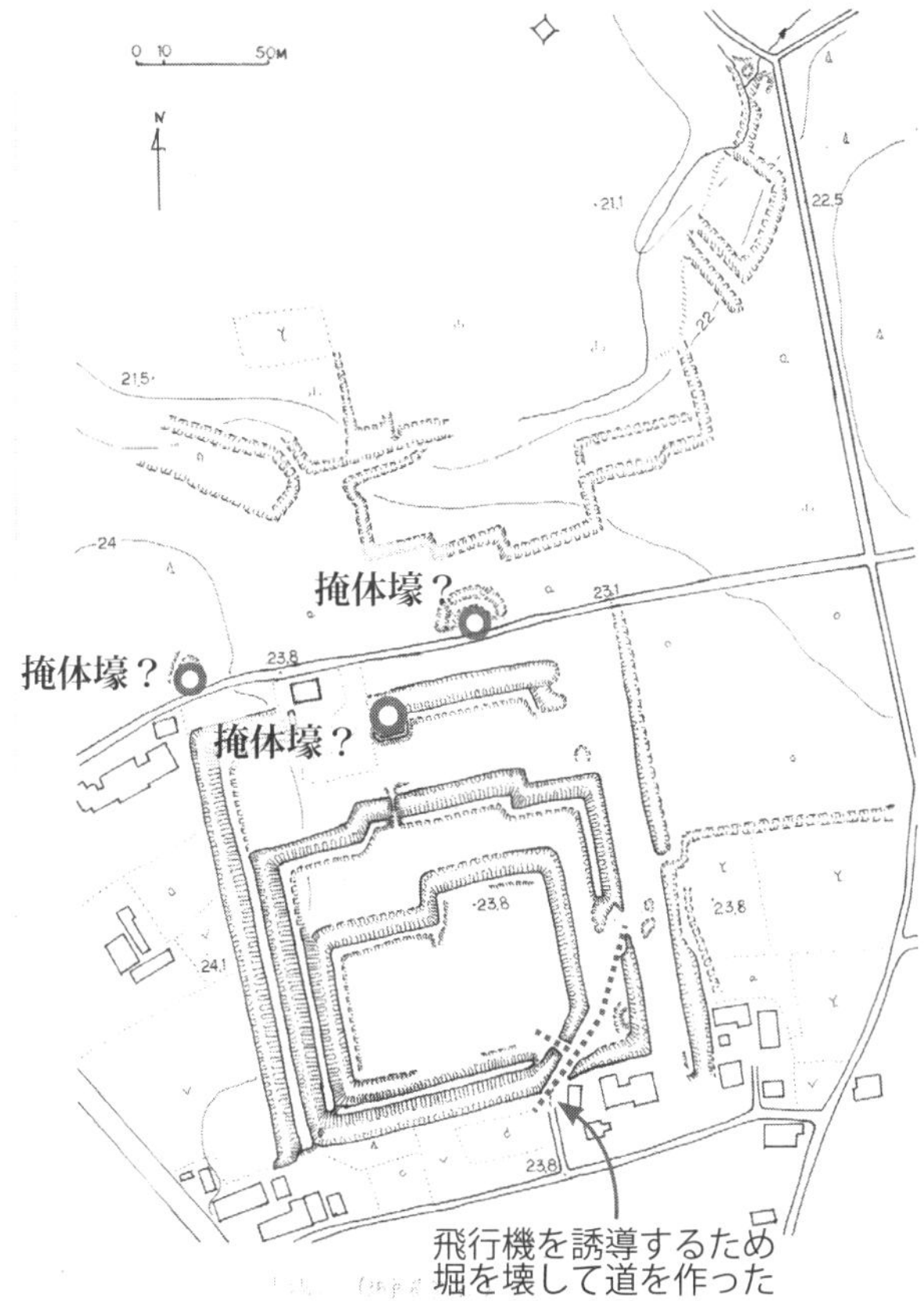
0 10 50M
N
21.1
22.5
22
21.5
24
23.1
23.8
24.1
掩体壕？
掩体壕？
掩体壕？
飛行機を誘導するため
堀を壊して道を作った

大堀山館跡

永源寺（坂戸市仲町）にある、工事で出土した中世の甕と顛末を記した石碑

ている。坂戸市仲町の永源寺には、出土した中世の甕と、工事施工業者が建立した顛末を記した石碑がある。本堂裏、旗本島田家の墓と住職墓地の間に置かれている。

旧飛行場内に位置する女子栄養大学で、二号館新築工事があり、昭和六〇年から六一年、事前に発掘調査が行われた。周辺は若葉台遺跡という奈良・平安時代の遺跡であり、この調査でも当時の住居址や掘立柱建物址が検出されている。あわせて、一〇基の土壙が検出されているが、そのうち四号土壙から一〇号土壙は近代に構築されたものと思われる。土層の堆積状況から水がたまっていた時期があるようだ。また、七号土壙と八号土壙は重複していて、時期差はそれほどないが七号土壙の方が新しい。これらの用途は不明であるが、飛行場の遺構の可能性がある。防火用水の確保のため掘られたものであろうか。

県内の多くの飛行場が主に畑地など人が住んでいない場所に造られたのと異なり、坂戸飛行場の場合は集落を一つ消滅させるなど、人が住んでいた場所に設置された。そのため、場外に移転を余儀なくされた施設が多いことが特徴である。坂戸市関間四丁目にある神明神社は、かつてはお浅間様と呼ばれる円周約二百mの小山（人工の築山）の上にあった（現在の千代田中学校付近）が、飛行場建設により移転した。また、坂戸市山田町の八幡神社も飛行場建設により移転している。境内地約六反は一千五百円で買収されたという。関間にあった福泉寺は板橋区に移転している。

　鶴ヶ島市脚折一丁目の御嶽神社に大塚野新田の移転記念碑がある。

「移轉記念碑　昭和十五年五月　鶴ヶ島村大字大塚野新田ハ此ノ地ノ東方約二粁ノ所ニアリ陸軍坂戸飛行場建設ノ爲買收セラレ全員此ノ地ニ移轉ス　昭和十六年五月建之（世話人名省略）」と刻まれている。

　大塚野新田にあった御嶽神社は坂戸市大字戸宮に移転した。正面右手の手水石の脇に記念碑が

御嶽神社（鶴ヶ島市脚折）

御嶽神社移転記念碑と刻字

ある。

「御嶽神社移轉記念碑　御嶽神社元大塚野新田ニ鎮座在リシ處昭和十五年三月軍用地ト相成リ就而講中協議ノ結果大字戸宮四百五十九番ノ地ニ移轉致シ奉鎮同年四月吉日ヲ以テ御遷宮ノ式ヲ擧行致シタリ依テ講者ト相計リ茲ニ之ヲ建設ス　昭和十六年十二月二十七日（世話人名等省略）。」

戸宮の八幡神社の社殿に向かって左側には分合記念碑がある。

御嶽神社（坂戸市戸宮）と移転記念碑

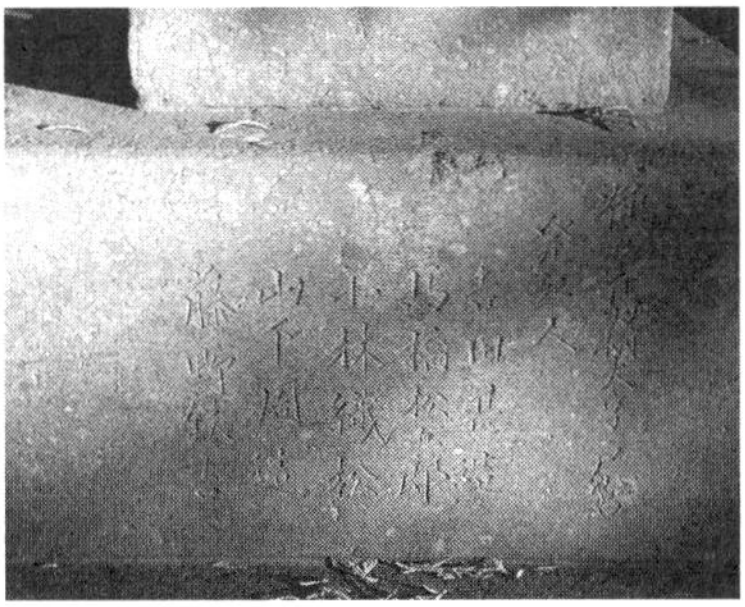

八幡神社（坂戸市戸宮）
分合記念碑（写真右）と他の石造物の刻字（下）

「分合記念碑　曩ニ大字戸宮ハ鶴ヶ島村ナリシガ昭和十五年二月廣大ナル陸軍飛行場用地ノ施設ニヨリ本村ト遮断サレコヽニ於テ区民協議ノ上本村ヲ離レ勝呂村ニ合併スベク九月村当局ニ陳情書ヲ提出シ翌年四月学校児童ヲ十一月男女青年団青年学校生徒ヲ勝呂村ニ転校シ翌十七年七月十九日村会ニ於テ勝呂村トノ合併ヲ決定セリ十一月二十七日県ノ指令ニヨリ十二月一日勝呂村トナリ岸田・林両村長八幡社ニ分合ノ奉告祭ヲ奏上シヨッテ区民ト相図リコヽニ之ヲ建設ス　昭和十八年十月一日（委員・世話人名省略）」と刻まれている。境内のほかの石造物にも「鶴ヶ島村大字戸宮」と刻まれている。

参考文献

「語り継ぐ坂戸近代百年史（二）　新井正直氏」　坂戸市教育委員会『坂戸風土記』四　一九七九
埼玉県神社庁神社調査団『埼玉の神社　入間　北埼玉　秩父』　埼玉県神社庁　一九八六
埼玉県『新編埼玉県史　資料編二〇　近代・現代二　政治・行政二』　一九八七
鶴ヶ島町史編さん室『鶴ヶ島町史　通史編』　鶴ヶ島市　一九八七
坂戸市教育委員会『坂戸市史　現代史料編』　坂戸市　一九八七
黒瀬滝二「坂戸の話」　坂戸市教育委員会『坂戸風土記』一四　一九八八
坂戸市遺跡発掘調査団『若葉台遺跡』　一九八九
「変わりゆく千代田」編集実行委員会『変わりゆく千代田　開拓編』　坂戸市教育委員会　一九八九
坂戸市教育委員会『坂戸市史　近代史料編』　坂戸市　一九九〇
鶴ヶ島町史編さん室『鶴ヶ島町史　近現代資料編』　鶴ヶ島市　一九九二
坂戸市総務部庶務課『旧陸軍坂戸飛行場の足跡』　坂戸市　一九九五
鶴ヶ島市教育委員会『鶴ヶ島の石造物』　一九九八
九条の会さかどホームページ

東松山市・滑川町

松山飛行場

現在の東松山市新郷・滑川町都一帯にあった。当時の地名では唐子村大字下唐子、大字石橋、宮前村大字羽尾、大字月輪となる。唐子飛行場・新郷飛行場とも呼ばれた。現在は東松山工業団地になっている。

建設がいつから始まったかははっきりしないが、昭和一八年の二月に説明会が行われたようだ。周辺住民や旧制松山中学校（現・県立松山高等学校）の生徒が造成作業にあたった。刑務所の囚人も動員され、何度か脱走騒ぎがあったという。松山中学校『教務日誌』の昭和一九年一〇月八日の項には「飛行場監督交替」との記事がある。また昭和二〇年六月一八日の項には「学校長唐子飛行場作業場視察」とある。畑のほかは大部分が山林で、痩せ土と排水不良のため開発が難しい土地であった。

小川町から東進する道路は上唐子東方で川越方面と松山方面に分岐していたが、建設にあたって松山方面への道路は廃止された。川越方面への道路は拡幅されることになり、また、用地内に東上線の線路があったため、その軌道を北側（現在の路線）に移転することとなった。東武鉄道は、昭和一九年一〇月に鉄道線路変更認可申請書を提出、一一月に認可された。東上線の工事は昭和二〇年一月に完了した。

終戦のため未完成ではあったが、北側境界の電車からの視界を遮る遮蔽板（なかったとの説もある）、大小二棟の格納庫をはじめとするいくつかの建物は完成していた。兵舎はいわゆる三角兵舎だったようだ。滑走路面が固まりきっていなかったため、飛来した航空機が不時着を試みたが、車輪が滑走路にめり込んで転倒したという。

終戦後の昭和二〇年一〇月、連合国軍は飛行場に駐屯した。松山中学校『教務日誌』の昭和二〇年一〇月四日の項には「朝岡教諭唐子飛行場へ（通訳）〔米軍唐子へ進駐ス〕」と記載されている。また一二月一二日の項には「進駐軍鴻巣へ移ル」とある。この間、格納庫にあった飛行機一機を爆破している。建物は松山中学校の教師や生徒により解体された。松山中学校『教務日誌』より関係記事を抜き出すと「唐子飛行場開墾作業（全校生徒、前八・〇〇―後一・〇〇）（昭和二〇年九月三日）、「唐子工作隊建物取壊シ」（九月四日）、「三年唐子飛行場ノ垣根、三角兵舎取壊運搬作業」（一二月一一日）、「唐子ヨリ浴場ノ建物運搬」（一二月一四日）などが行われたようだ。

飛行場西側には二本の誘導路があった。北誘導路は大堀地区の集落裏から、つきのわ駅の南側を経て旧東上線軌道跡に至る。南誘導路は現在の工業団地南西より北西に向かって旧東上線軌道跡に至る。飛行場があった当時は、途中の山林に飛行機が隠せるようになっていた。

関連施設として、現在の滑川町水房・羽尾周辺に燃料を貯蔵するための地下壕が掘られていた。

現在、松山開拓都会館（滑川町都）の脇、「都開拓記念之碑」に「旧村の宮前、唐子両村を境

松山開拓会館（東松山市新郷）の
「開拓三十周年記念　黄塵拓野」の碑

松山開拓都会館（比企郡滑川町都）脇に建つ「都開拓記念之碑」

して、民地約二〇〇ヘクタールが大東亜戦争に軍用の唐子飛行場となったが終戦とともに、戦後国民の食糧事情が飢餓の状態であったので、開拓による食糧増産が国策となり、唐子飛行場跡地も開拓入植の土地となり（後略）」と刻まれている。

また、松山開拓会館（東松山市新郷）脇には畜霊供養之碑と並んで「開拓三十周年記念　黄塵拓野」の碑がある。裏面に「当地区は東松山市と滑川村に跨がる約二百町歩の通称唐子飛行場跡地で、終戦と共に緊急食糧増産のため開拓地として誕生（後略）」と刻まれている。

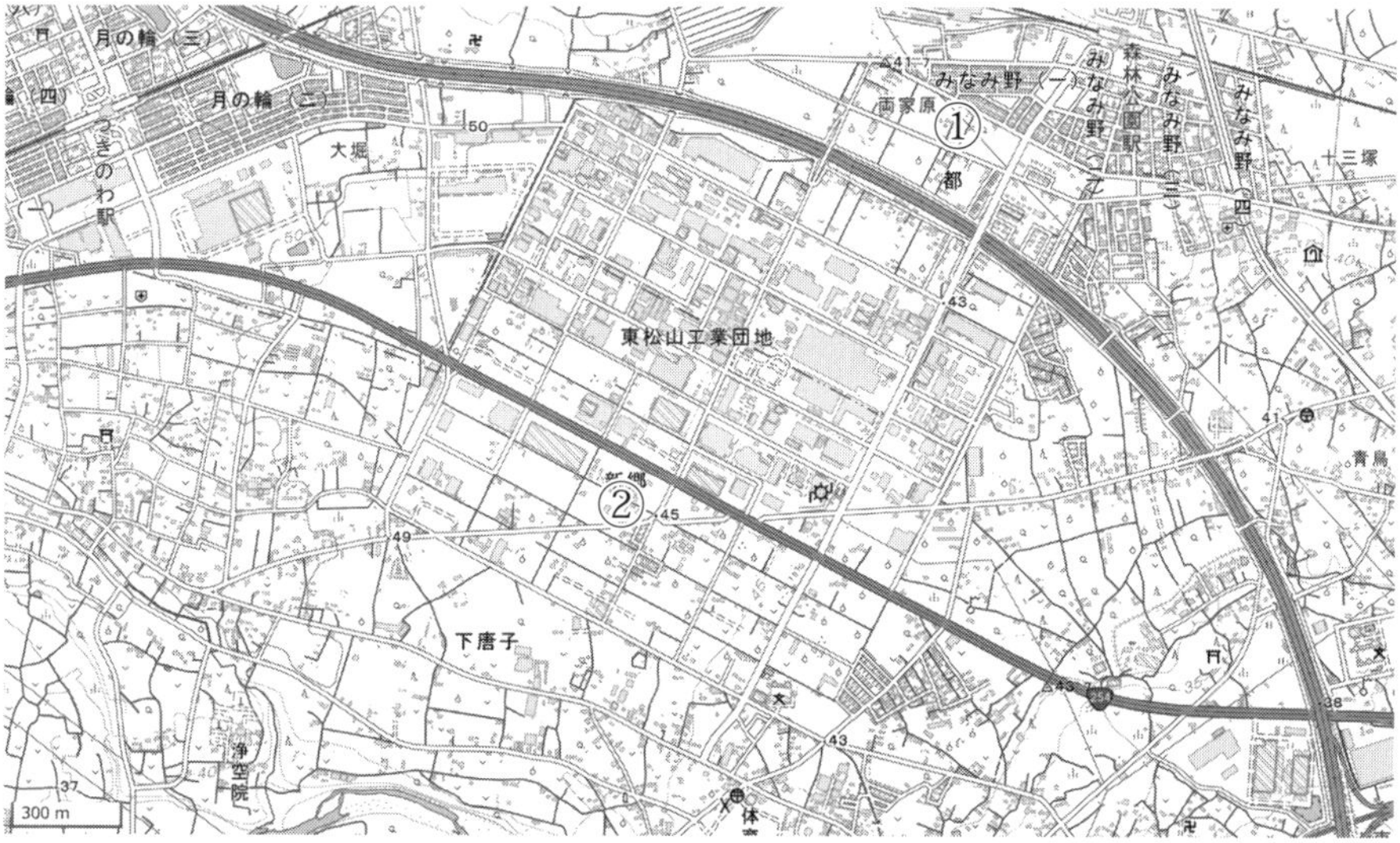

【松山飛行場跡地図】
①松山開拓都会館　②松山開拓会館
出典：国土地理院発行 2.5 万分 1 地形図

参考文献

東松山市『東松山市史資料編第四巻近・現代編』　一九八四
「わたしの町からも戦争が見えた」（「広報なめがわ」一九九三年八月号）
東武鉄道社史編纂室『東武鉄道百年史』　東武鉄道株式会社　一九九八
埼玉県立玉川工業高等学校郷土研究部『幻の飛行場　旧陸軍松山飛行場の記録』　一九九九
「平和について考えてみませんか」（「広報なめがわ」二〇一三年二月号）
「近代史跡・戦跡紀行～慰霊巡拝」（ホームページ）
「空港探索」（ホームページ）
東上沿線新聞「東上沿線物語」（ホームページ）

熊谷市

小原飛行場

小原陸軍飛行場（静簡院原飛行場）は、熊谷陸軍飛行学校の補助施設で、現在の熊谷市（旧江南町）須賀広にあった。当時の地名では御正村大字押切・大字成沢、小原村大字須賀広、大字野原にあたる。もともとこの地は昭和一五年に県の種畜場用地となっていたが、それを軍が強制収容したものである。昭和一九年のことである。突貫工事で、造成にあたっては、近隣住民はもちろん中学生も動員されたほか、推定百人前後の朝鮮人も動員された。完成した飛行場は滑走路・誘導路で、格納庫はなかった。そのため、地元では単に「滑走路」と呼んでいたという。

飛行機は誘導路に沿って設けられた掩体壕に置かれ、修理工場もあった。昭和二〇年八月一三日には米軍の戦闘機八機による機銃掃射により全機が炎上してしまった。戦後は駐屯の後、開拓地となった。

掩体壕は、八幡神社西側と沼の北側に残っている。神社西側のものは、雑木の中にあり、確認しづらい。一方、伝兵衛沼の北側のものは雑木もそれほどなく、冬場なら形をとらえることができる。土塁が残り、周辺には多くの窪みがある。

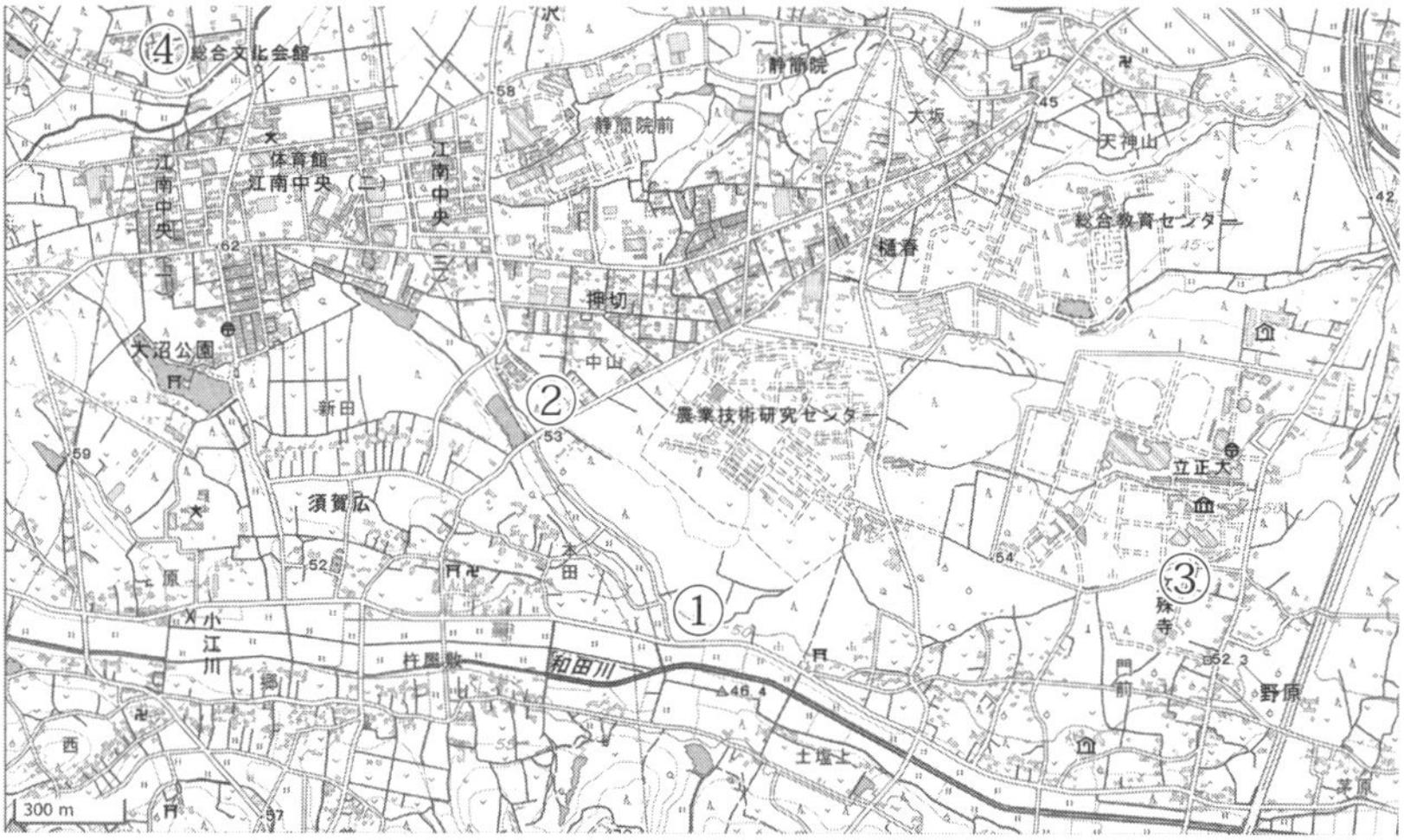

【小原飛行場跡地図】
①八幡神社西の掩体壕　②掩体壕
③文殊寺　④熊谷市立江南総合文化会館ピピア
出典：国土地理院発行 2.5 万分 1 地形図

八幡神社西側の掩体壕

文殊寺（熊谷市野原）と掩体壕、記念碑

野原の文殊寺は、もとは中世の城跡（野原館跡）で、北側に土塁が残っている。その一部が、城の遺構にしてはおかしな形に湾曲している。これは掩体壕として改造されたものだと、筆者が城跡を調査した際に当時の住職に教えていただいた。境内には梵鐘についての記念碑があり、供出されたことが刻まれている。

関連する施設としては、小江川の地下壕がある。軍需品を入れる備蓄用の壕と思われる。また、吉岡には射撃場があった。

現在、熊谷市立江南総合文化会館ピピアには県立小川高等学校社会研究部が製作した飛行場の復元模型が置かれている。

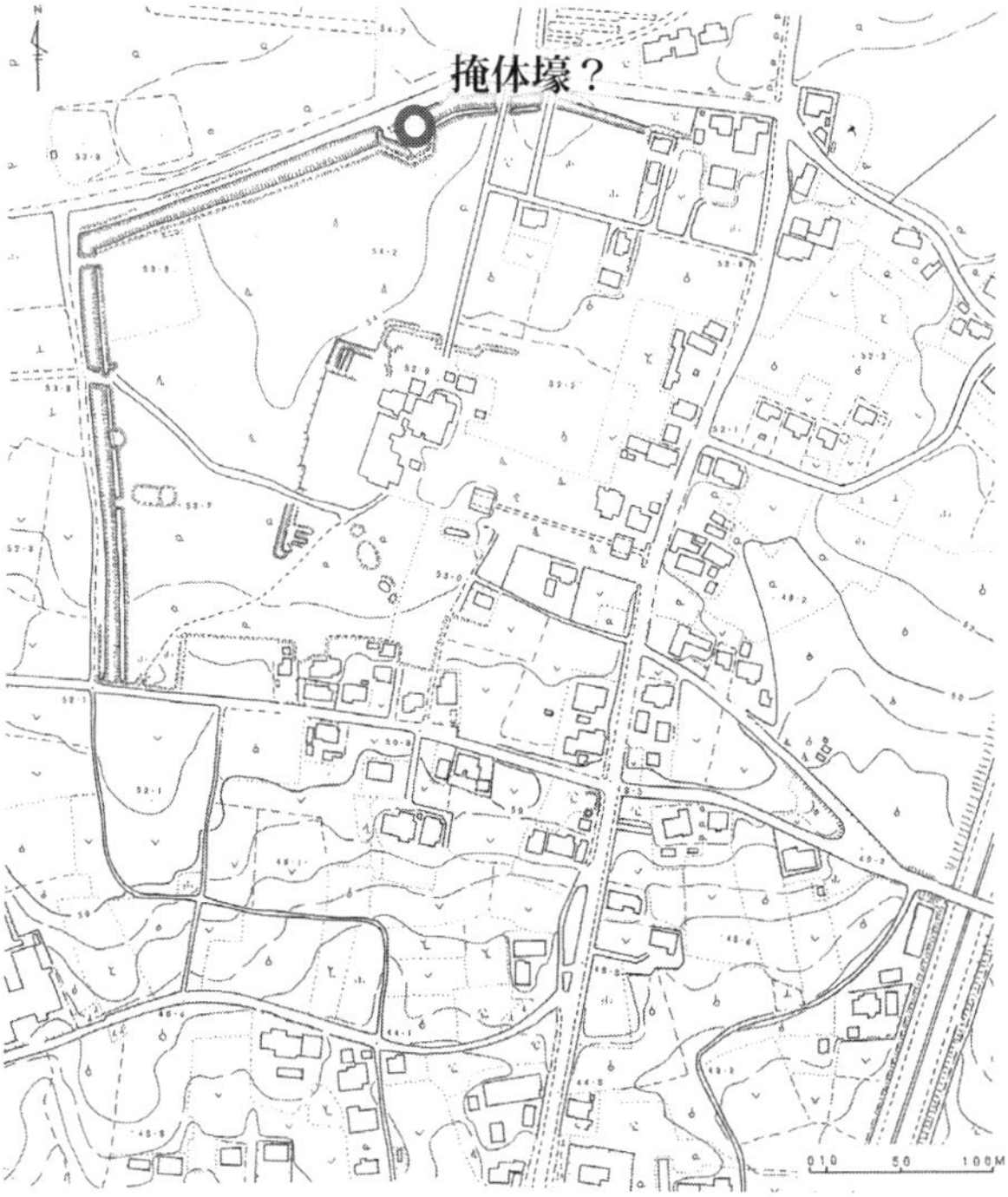

野原館跡

参考文献

江南町史編さん委員会『江南町史　資料編四　近代・現代』　江南町　二〇〇一

江南町史編さん委員会『江南町史　通史編　下巻』　江南町　二〇〇四

埼玉県立小川高等学校社会研究部『証言　小原陸軍飛行場（熊谷南飛行場）』　二〇一八

本庄市・上里町・神川町

児玉飛行場

児玉飛行場は、本庄市共栄・本庄市児玉町共栄・上里町嘉美・神川町元原にあった。当時の地名では七本木村大字嘉美、共和村大字下真下、丹荘村大字原新田、長幡村にあたる。

昭和一七年三月、陸軍航空本部が関係地主を七本木国民学校に集め、飛行場造成の説明会を行った。反対できるはずもない。結果として丹荘村大字原新田の全戸、共和村大字下真下の約半数戸などが移転せざるをえなかった。

五月には現地測量が開始され、一〇月までに住居などは立ち退いた。建設業者が入り、一一月に整地作業が始まり、一二月には近隣町村からの勤労奉仕作業が開始された。一八年からは建物等の本格的な建設が始まり、小中学校生徒を動員した玉石運びも始まった。施設としては格納庫・兵舎・本部庁舎・自動車庫・給水塔などが敷地の北側にあった。

一九年三月には完成、陸軍熊谷飛行学校児玉教育班として使用された。四月には陸軍熊谷飛行学校児玉分校として発足している。六月三日には当時の内閣総理大臣東条英機が視察に訪れている。八月一日には作戦（実戦）飛行場となり、一〇月一七日には児玉基地と改称された。それまで草地を転圧したのみであった滑走路は、周辺の児童まで動員して新たに建設されたが、未完成

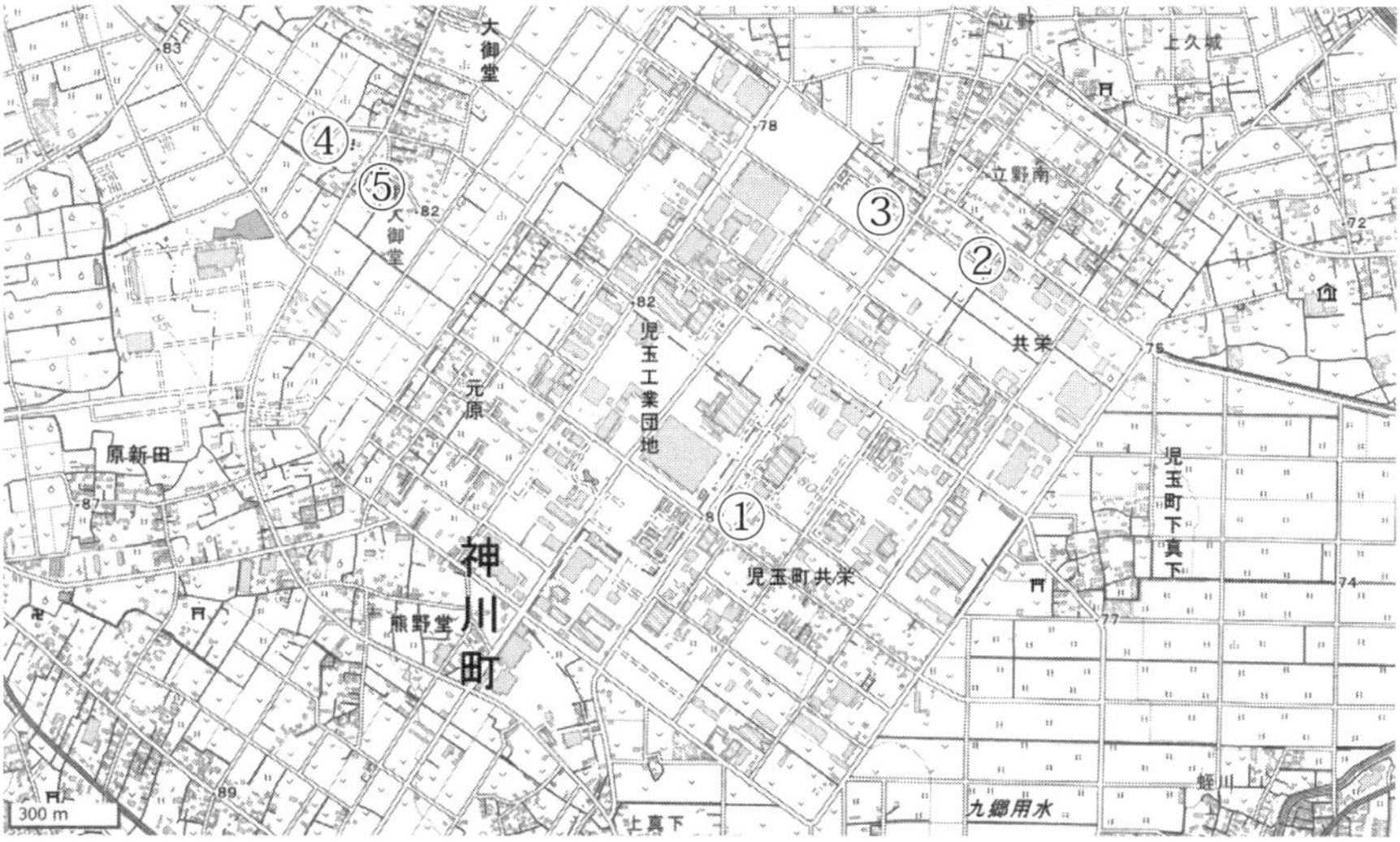

【児玉飛行場跡地図】
①共栄公園　②飛行場跡の碑　③立野南公民館
④宝蔵寺　⑤浅間神社　出典：国土地理院発行 2.5 万分 1 地形図

であった。空襲や機銃掃射もあった。八月一六日、敗戦に納得しない飛行第九十八隊員が飛行場からの出撃を計画したが、天候不良のため断念した。この日、和手秀行准尉が通称「やまいち山」の頂上近くで自決している。その後進駐があり、一〇月になると開拓が始まった。

共栄公園内には昭和五九年一一月に埼玉県企業局が建てた「児玉工業団地造成事業完成記念碑」がある。碑の裏面に「この地域は、かつての共和村、七本木村、長幡村、丹荘村の村境に位置し、通称八丁八反と呼ばれていた。第二次世界大戦末期の昭和十九年には、一部集落の移転を行い、陸軍飛行場が建設されたが、戦後は開拓地として入植農民による野菜栽培等の農業振興が図られ、特に西瓜の特産地であった」

共栄公園内に建つ「児玉工業団地造成事業　完成記念碑」と裏面説明文

と、この地の歴史を簡略に記している。

公園から北に向かって進むと、交差点の左側に上里町立野南公民館がある。この建物は、かつての兵舎を利用したものという。脇には埼玉県児玉開拓農業協同組合の建立した「拓魂」の碑があり、裏面に「当開拓地は、太平洋戦争遂行の為、航空後方基地として終戦二年前に完成した旧陸軍児玉飛行場跡地である。戦後緊急食糧増産対策として、基地残留部隊員を基幹とし、復員軍人引揚者、疎開者及び周辺町村の次男三男百十六名を以って、昭和二十年十月開墾に着手した」（句読点は引用者が補った）と刻まれている。脇には児玉郡西瓜接木栽培普及会による西瓜の碑がある。

東に向かってしばらく歩くと「児玉飛行場之跡」「鎮魂」と刻まれた石碑が建っている。周囲には観音像・第四教育飛行隊鎮魂碑・第十五輸送飛行中隊発祥の地記念碑・爆弾・爆弾の解説碑「却火」など

兵舎を再利用したといわれる上里町立野南公民館

西瓜の碑

公民館脇に建つ拓魂碑

が立ち並ぶ。「却火」には「大東亜戦争末期の昭和二十年五月から七月に遠く太平洋の波頭を超えて来襲した米機動艦隊のグラマン機によって児玉飛行場は爆撃や機銃掃射の攻撃を受けた。この爆弾は、戦後の昭和三十五年児玉飛行場跡北西隅の地下二メートルから出土した三発である。犠牲者の冥福を祈り、久遠の平和を祈念する。昭和五十五年一月十五日　児玉開拓　岩田七郎」

「児玉飛行場之跡」「鎮魂」の碑

「劫火」の碑と出土した爆弾

宝蔵寺と浅間神社（写真右）と
「鐘楼改築と梵鐘再鋳」石碑（左）

と刻まれている。

飛行場敷地からやや西に、宝蔵寺・浅間神社がある。浅間神社鐘楼脇に「鐘楼改築と梵鐘再鋳」の石碑がある。碑文には「宝蔵寺に関する資料によると　鐘楼は　安政元年（一八五四）三月に再建されたものである　その梵鐘は　去る第二次大戦において　物資に窮した軍の命令に依って供出　その後の消息は不明である　境内にある文化財「まきの大木」も軍用機の離発着に差し支えるとのことで丈を詰められている。

また寺の歴史を語る石灯籠も敵艦載機の爆撃によって一部を破損したままである（以下略）」と刻まれている。「まきの大木」は上里町指定天然記念物として健在であり、上部

宝蔵寺境内の「まきの大木」（写真右）
空襲によって破損した宝篋印塔（写真左）

が不自然に伐採された様子を見ることができる。また宝蔵寺には、空襲により破損した宝篋印塔（碑文では石灯籠）が残っているし、付近に落ちていた爆弾の破片も個人が所有されて残っている。

周辺には誘導路・格納庫などが作られ、高射砲陣地があった可能性もある。格納庫は浅見山一帯に設けられた。金鑽神社（本庄市栗崎）脇の格納庫は、参道脇の丘陵に食い込んだ部分で、その延長部分が少々窪んでいる。特に案内板等はない。また、新幹線を挟んだ宥勝寺の南西、児玉郡市広域市町村圏組合立養護老人ホーム跡地付近から南西方面に延びる道は元の軍用道路という。

本庄市児玉町下真下の金佐奈神社は、元は金佐奈山にあったが、飛行場用地となったため現在地に移転している。

平成二八年、本庄市共栄地内の道路工事中に信管がついたままの不発弾が発見された。発見場所は飛行場の正門跡付近であった。戦争自体は終わったが、その負の遺産はまだ眠っているのだ。

金鑽神社脇の格納庫跡

元軍用道路

【児玉飛行場跡地図 2】
⑥金鑽神社（本庄市栗崎）　　　⑦元軍用道路（点線）
出典：国土地理院発行 2.5 万分 1 地形図

参考文献

埼玉県平和資料館『戦争で失われた文化財』一九九四
本庄市史編集室『本庄市史　通史編Ⅲ』　本庄市　一九九五
上里町史編集専門委員会『上里町史　通史編　下巻』　上里町　一九九八
埼玉県朝鮮人強制連行真相調査団『朝鮮人強制連行調査の記録　埼玉編　中間報告』　一九九八
北沢文武『児玉飛行場哀史』　文芸社　二〇〇〇
児玉町教育委員会・児玉町史編さん委員会『児玉町史　近現代資料編』　児玉町　二〇〇二
本庄市教育委員会『本庄市の地名①』　二〇一七
本庄市教育委員会『本庄市の地名②』　二〇一八
埼玉県神社庁大里児玉支部　児玉区『埼玉県児玉郡市の神社』　二〇一九
「不発弾処理について」（本庄市ホームページ）
「空港探索」（ホームページ）

コラム

◆◇動物と戦争◇◆

戦争の犠牲になったのは人間だけではない。昭和一八年八月には動物園の猛獣類の処分命令が出て、薬殺・餓死など多くの動物が死んだ。土家由岐雄『かわいそうなぞう』を子供の頃に読んで涙した人も多いのではないか。戦争に利用されて死んだ動物も多い。犬は軍犬として伝令や歩哨などに利用されたほか、毛皮用・食用ともされた。鳩も伝令のための軍鳩として利用されたし、兎は毛皮用・食用とされた。旧庄和町近辺では、細菌戦やそのための研究に使うための鼠が飼育されていた。当然ながらその多くは死んだはずである。実態は把握しづらいと思うが、空襲により命を落とした犬・猫・小鳥などペットや家畜も多かったと思われる。

中でも、多く犠牲になったのは馬であろう。馬は古くから騎馬、物資の運搬など多くの局面で利用されてきた。民間から徴発された馬も多く、そのほとんどは戻ることがなかった。その記念、慰霊のため石碑が建立されることもあった。坂戸市では日清・日露戦争の頃に馬頭観音の石碑が多く造立されていて、徴馬を記念する旨刻まれているものもあるが、刻まれていなくてもそうした主旨で造立されたものも多いのかもしれない。越生町の世界無名戦士之墓には「馬魂碑」がある。ただ、こちらは軍馬のみならず、農耕馬や競走馬の魂も祀っている。

参考文献

坂戸市教育委員会『坂戸市史　民俗史料編Ⅱ　石造遺物』　坂戸市　一九八三
埼玉県立庄和高校地理歴史研究部・遠藤光司『高校生が追うネズミ村と七三一部隊』　教育史料出版会　一九九六
埼玉県平和資料館『戦争と動物たち』　二〇一一
埼玉県神道青年会『埼玉県の忠魂碑』　埼玉新聞社　二〇一七

深谷市

東雲寺の魚雷

深谷市新戒の東雲寺は鎌倉時代の御家人新開氏の開いた寺である。現在でも寺の墓地には開基である新開荒次郎実重のものと伝わる墓がある。

東雲寺山門

境内に入ると、明治四四年製の四四式二号魚雷が置かれている。第一次世界大戦で使用されたもので、呉海軍工廠製造の国産第一号魚雷である。昭和八年、新戒出身の海軍軍人の好意で新会村青年団に寄贈されたものである。

元は新会国民学校校庭の忠魂碑前に置かれていたが、昭和二五年に現在位置に移設された。ところどころ穴が開いてしまっているが、原形をよくとどめている。ただし、頭部は三八式一号のものである（「帝國陸海軍現存兵器一覧」）。四八㎝×五五〇㎝で先端に信管があったが、現在は失われている。

内部は先頭に爆薬を詰め、空気室があり、燃料、エンジンとなっていた。後ろには方向舵・推進器がある。爆薬の入ってい

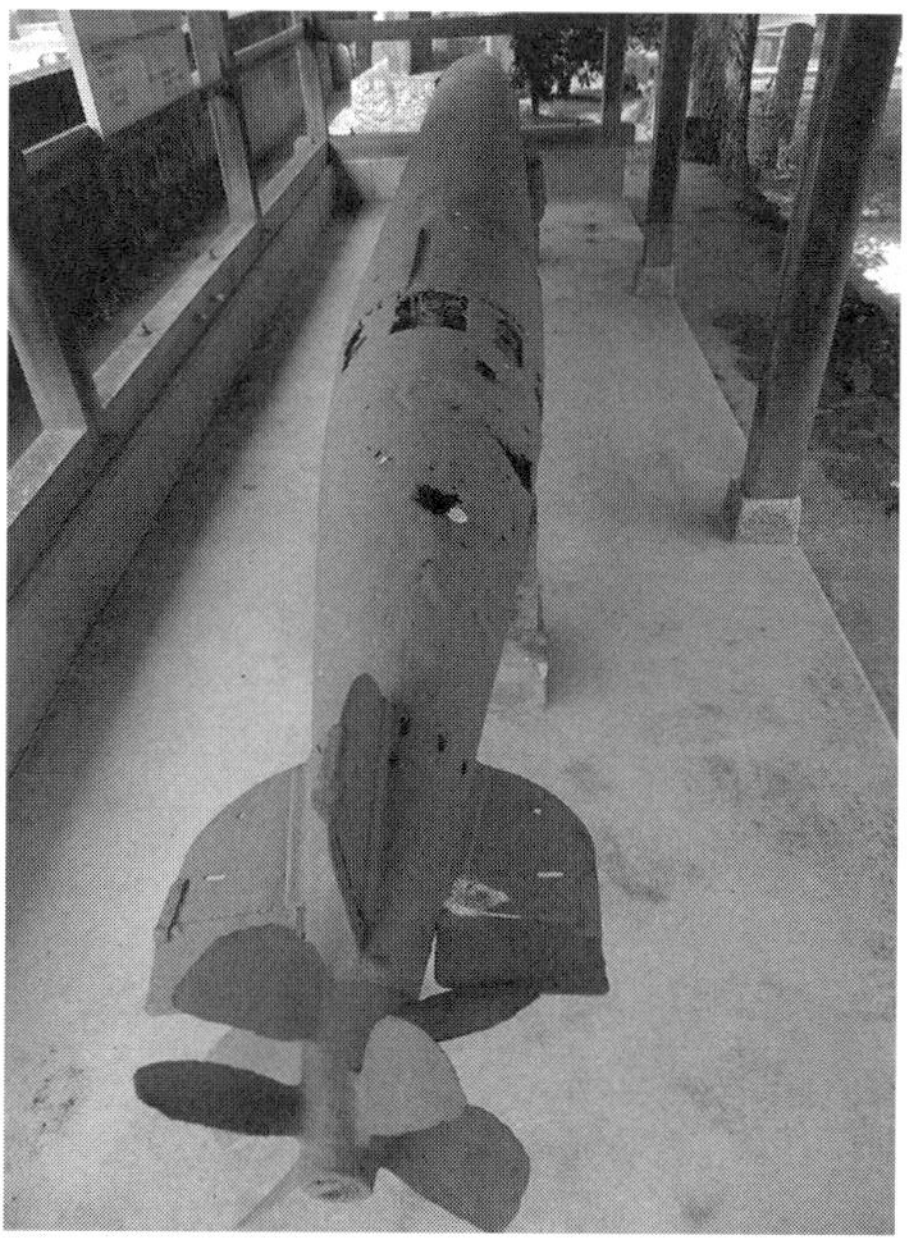

東雲寺に置かれている魚雷

魚雷の各部③

魚雷の各部①

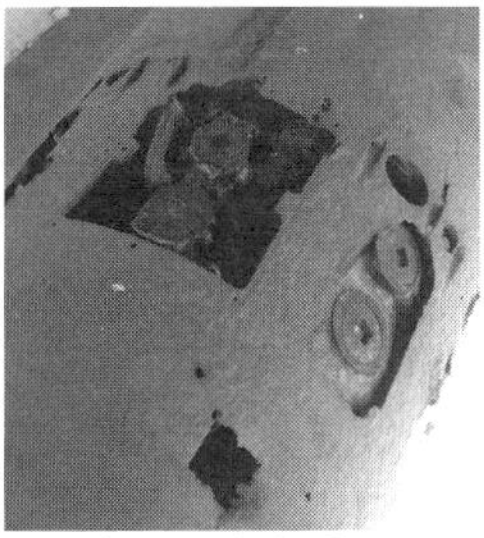

魚雷の各部②

征露従軍記念碑

征清従軍記念碑

砲身を利用した英霊塔

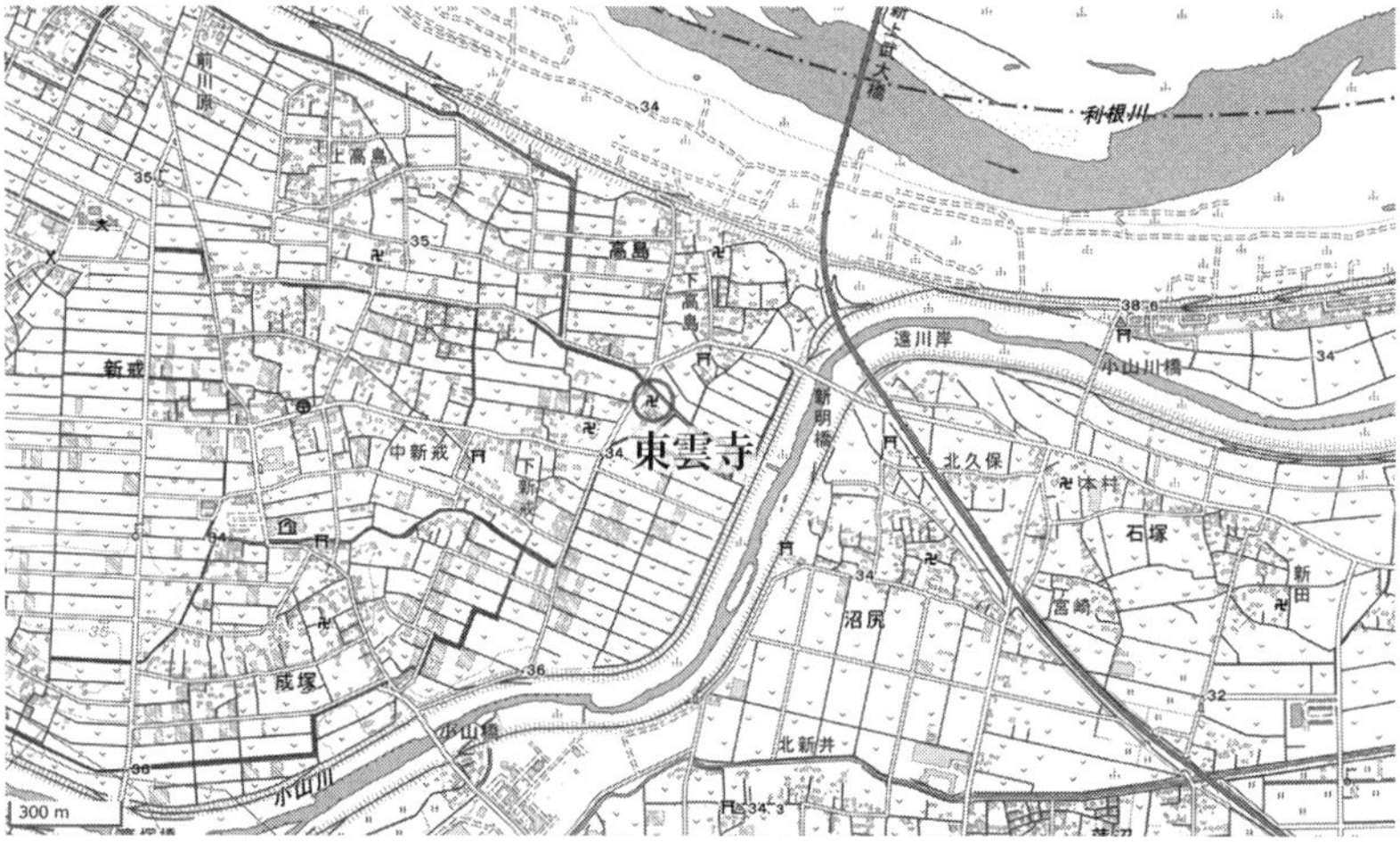

出典：国土地理院発行 2.5 万分 1 地形図

たあたりの表面に「下瀬」の刻印がある。

なお、明治四四年製の魚雷は小田原市久野の神山神社にも現存している。

境内には他に大正一〇年一月建立の英霊塔があるが、日露戦争の時にロシア軍が使用していた砲身（十六珊克虜伯砲砲身）を利用したものという。大正九年四月一〇日付けで帝国在郷軍人会新会村分会長から陸軍大臣にあてた砲身・砲弾の払下げ願いが残っている。ほかに明治三九年一二月建立の征露記念碑・征清従軍記念碑などもある。いずれも新会国民学校校庭から移されたもので、昭和二九年一〇月建立の記念碑並忠霊塔移建之由来もある。

参考文献

埼玉県神道青年会『埼玉県の忠魂碑』埼玉新聞社　二〇一七
「アジア歴史資料センター」（ホームページ）
「帝國陸海軍現存兵器一覧」（ホームページ）

さいたま市大宮区

普門院の海軍兵器

小栗上野介忠順は幕末の幕臣で、横須賀製鉄所（後の横須賀海軍工廠）の建設に携わった。隠遁先で官軍に逮捕、斬首されたが、早くから近代化に貢献した人物として評価されている。さいたま市大宮区の普門院は小栗家代々の墓石があり、その縁で昭和九年に小栗上野介招魂碑が建てられた。一一月二五日に挙行された除幕式には、海軍関係者も臨席した。

その翌年、普門院四二世阿部道山は、碑前に置くため、廃兵器の下付を願った。海軍省は、忠順を海軍の功労者として下付を決定した。そして、第一次世界大戦で地中海派遣艦隊の一艦としてヨーロッパに遠征した二等駆逐艦「榊（さかき）」が使用していた錨と浮標水雷が下付され、横須賀海軍工廠から青銅大砲が寄贈された。

これらは現在でも境内南側に海軍省の石製標柱とあわせて並べられている。

小栗上野介招魂碑

駆逐艦で使用されていた浮標水雷

駆逐艦で使用されていた錨

青銅大砲

出典：国土地理院発行 2.5 万分 1 地形図

参考文献
普門院ホームページ
「帝国陸海軍現存兵器一覧」（ホームページ）

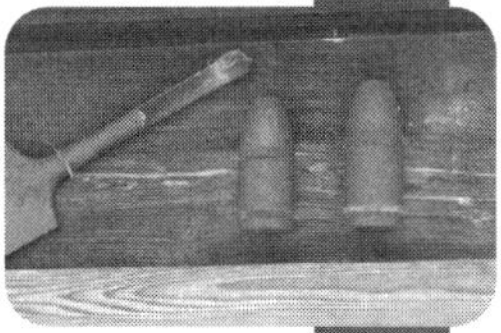

越谷市

分捕品と戦利兵器奉納碑（川崎神社）

戦場で敵地にあるものを分捕る行為は古くから確認されている。近代の戦争でもそれは同様で、本書でも紹介した東郷神社の大砲などはその一例である。そうした分捕品を見ることにより「勝利」を追認し、戦意高揚・国威発揚の一助とした。明治四〇年、時の陸軍大臣で後に内閣総理大臣となる寺内正毅は全国の神社に日露戦争の戦利品を寄贈した。あわせて記念碑が建てられることもあった。

川崎神社

越谷市北川崎の川崎神社の拝殿の庇には、弾丸四個と方匙（携帯スコップ）一個が板に縛られた状態で絵馬のように飾られている。神社に保存されているものは多いと思われるが、公開されているのは珍しい。拝殿の脇には戦利兵器奉納ノ記が建っている。裏面には「明治三十七八年役出征軍士」の名が刻まれていることから、日露戦争自体の記念碑としての意味合いもあったと思われる。

本庄市秋山の秋山神社、本庄市小平の石上神社、深谷市畠山の井掠神社にも同様の碑があり、戦利品は川崎神社と同じ弾丸四個と方匙一個だったようだ。

飾られている弾丸四個と方匙

拝殿脇に建つ「戦利兵器奉納ノ記」記念碑

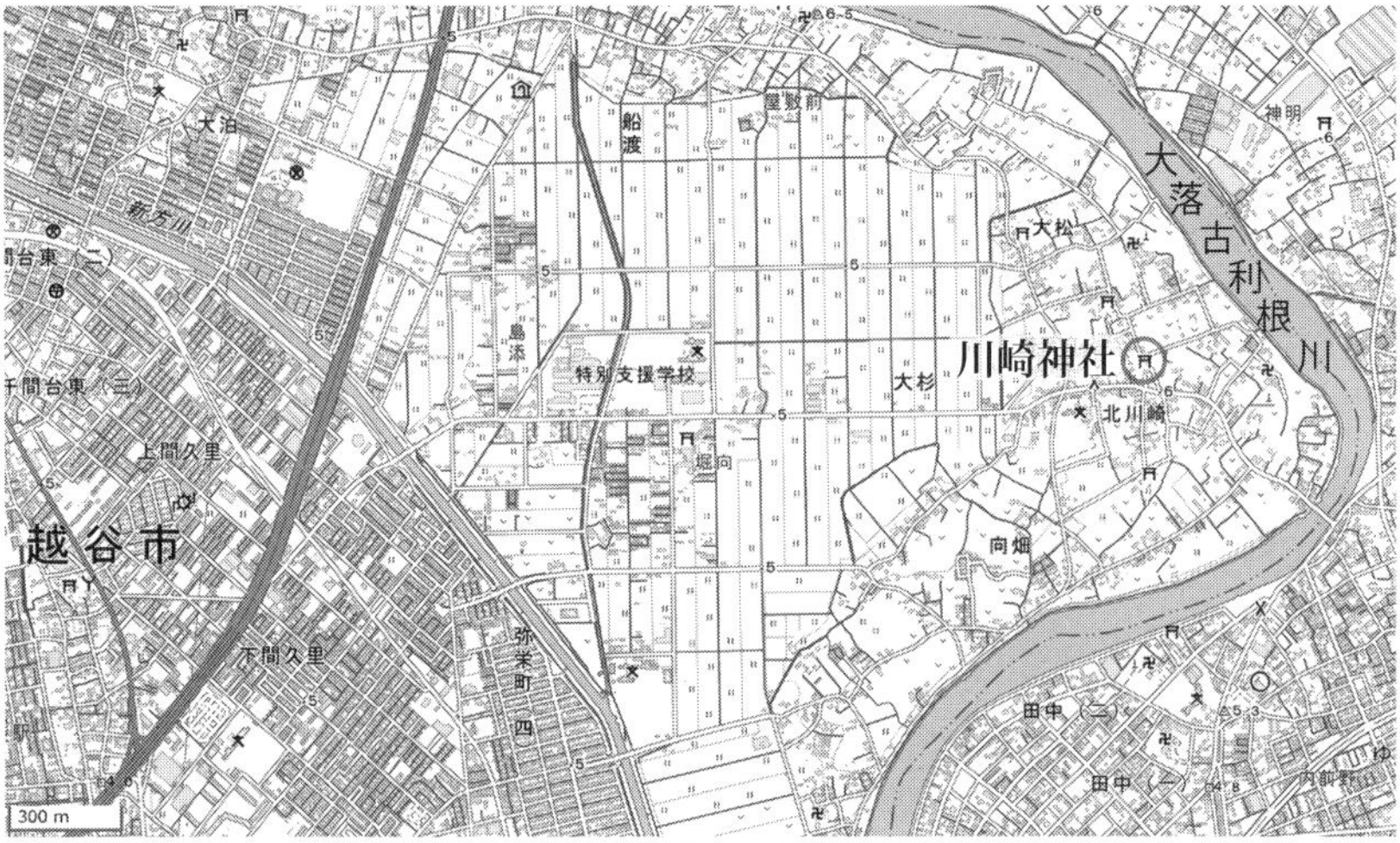

出典：国土地理院発行 2.5 万分 1 地形図

参考文献
埼玉県神道青年会『埼玉県の忠魂碑』　埼玉新聞社　二〇一七
カントリーヒストリー研究会『戦争が走り抜けた越谷の近代史』　本の泉社　二〇一八
「帝國陸海軍現存兵器一覧」（ホームページ）
(有) フカダソフトホームページ

飯能市

秩父御嶽神社

秩父御嶽神社は飯能市坂元にある。元は秩父彦神社と称し、垂仁天皇の時代に創建されたと伝わる神社であった。地元坂元生まれの御嶽教教師鴨下清八は福寿山を開き、木曾御嶽山を分霊、明治四三年に神社を山に移転し、東郷公園を神苑として秩父御嶽神社と改称した。

秩父御嶽神社・鳥居

清八は東郷平八郎の武勲と威徳を後世に伝えるべく毎日一銭ずつ蓄える一銭貯金を行い、平八郎の銅像建設を志した。何度も東郷邸を訪れ、生前の銅像建立を固辞する平八郎を口説き落とし、大正一四年四月一七日、銅像を建立した。除幕式には東郷平八郎本人も出席した。

鳥居を潜り、社務所脇を抜けて山頂の本殿（奥社）を目指す。石段を登っていくと、「乃木大将像」の標示があるので、それに従って進む。乃木希典は、日露戦争の際、旅順二〇三

砲弾と水雷

乃木大将像

高地を攻略した。明治天皇に殉死したことはよく知られている。銅像は、昭和四年一一月二四日に建立された。

元の石段に戻って登っていくと、砲弾と水雷がある。右手の砲弾は、日本海海戦の時にバルチック艦隊から発射されたものという。台座には「バルチック艦隊主砲　砲弾」と記されている。布設水雷は旅順港に敷設されていたものを、日露戦争後に掃海し、引き上げたもので、海軍省より下賜された。こちらの台座には「旅順港敷設水雷」と記されている。

さらに登ると、「皇国興廃在此一戦」「各員一層奮励努力」と刻まれた二本の石柱がある。さらに行くと正面に大正一四年四月一七日建立の東郷元帥銅像がある。向かって右手には戦艦三笠の甲板の一部が展示されている。日本海海戦の際には、東郷の乗る旗艦三笠はロシア軍の集中砲火を浴び、甲板には蜂の巣状の弾痕を残した。三笠自体は、修復を経て横須賀市に現存している。

「皇国興廃在此一戦」（右）「各員一層奮励努力」（左）と刻まれた二本の石柱

東郷元帥銅像

「戦艦三笠」の甲板

「日露戦役記念碑」

「日本海海戦大捷記念碑」

「忠魂碑」

さらに登ると「日露戦役記念碑」「日本海海戦大捷記念碑」があり、向かって左手に「忠魂碑」と、東郷神社の鳥居がある。神社は昭和一〇年四月一七日に建立された。例祭日は日本海海戦勝利の日にちなみ、五月二七日である。

東郷神社拝殿の上部に本殿がある。脇に東郷平八郎が休息したという至誠館がある。その中にロシア製の大砲（三インチ野砲）が展示されている。部品の一部が盗難にあったが、ほぼ原形をとどめている。

さらに本殿に向かって登ると、途中に乃木神社がある。さらに登ると祈祷殿がある。額は東郷平八郎の書。さらに登ると平成一〇年再建の

展示される三インチ野砲

至誠館

本殿途中にある乃木神社

本殿がある。ここに掲げられている額も東郷平八郎の書である。

現在は紅葉の名所としても親しまれている。晴天の時には本殿前からスカイツリーを見ることもできる。

祈祷殿と東郷平八郎揮毫の額

本殿と東郷平八郎揮毫の額

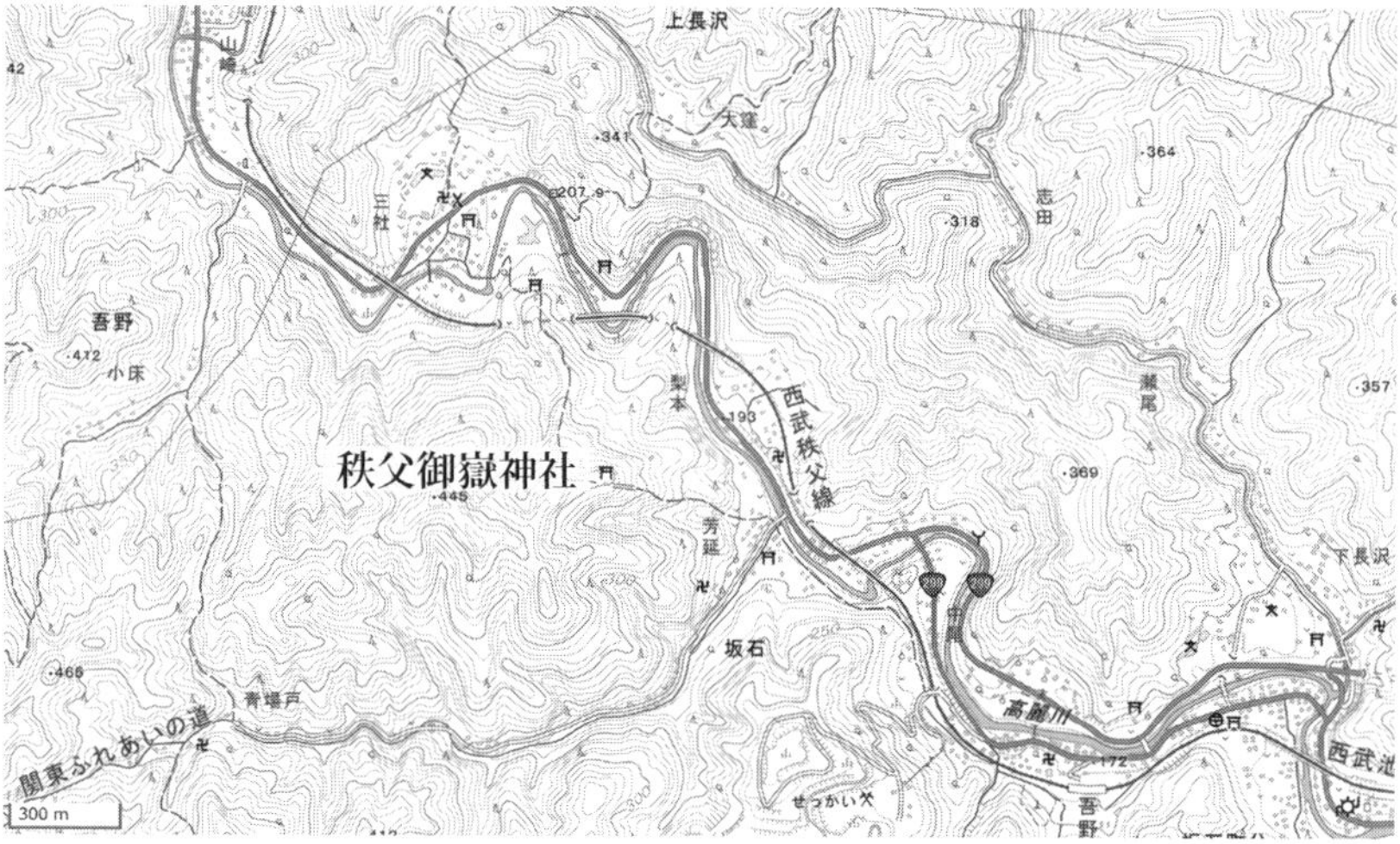

出典：国土地理院発行 2.5 万分 1 地形図

参考文献
埼玉県神社庁神社調査団『埼玉の神社　入間　北埼玉　秩父』　埼玉県神社庁　一九八六
埼玉県神道青年会『埼玉県の忠魂碑』　埼玉新聞社　二〇一七

コラム

◆◇忠魂碑◇◆

その名の通り、天皇への「忠義」の魂を称えるための石碑である。表面には「忠魂碑」「表忠碑」「彰忠碑」などの字が刻まれ、裏面には戦没者の氏名が刻まれる。表面の字の揮毫者は著名な軍人であることが多い。もともとは学校など公共施設に建てられることが多く、戦意高揚、天皇や国への忠誠心を高めるために利用された。こうしたことから戦後撤去されたり、神社に移転したりしている。

かつては箕面忠魂碑訴訟に代表されるように、憲法二〇条（信教の自由と政教分離の原則）との関係でその位置づけが問題となったこともあった。終戦から七〇年以上たった今日、運営管理を行っていた遺族会が解散するなどの事情もあり、「戦没者の氏名を刻んだ記念碑」的な位置づけとなりつつある。

埼玉県では、埼玉県神道青年会が『埼玉県の忠魂碑』を刊行していて、現存するものを網羅している。

参考文献
埼玉県神道青年会『埼玉県の忠魂碑』　埼玉新聞社　二〇一七

神社内の忠魂碑（所沢市・北野天神社）

熊谷市・深谷市

熊谷陸軍飛行学校

熊谷陸軍飛行学校は、陸軍の少年飛行兵教育のため設置された。敷地は三尻村（現、熊谷市）を中心に深谷町・武川村（現、深谷市）にまで及んだ。三尻飛行場とも呼ばれた。昭和一〇年八月二一日に地鎮祭・鍬入式が執り行われた。昭和一〇年一二月一日、熊谷陸軍飛行学校令が施行され、一二月一四日には開校式が盛大に行われた。もっとも、未完成の部分もあり、格納庫が完成したのは昭和一二年と伝わる。昭和一三年一〇月一〇日には天皇の行幸があった。この時、学校長は「御稜威ケ原（みいづがはら）」と命名して、記念碑を建立した。各地に分教場が設けられていて、県内では桶川・所沢・児玉がそれにあたる。昭和二〇年二月に第五二航空師団に吸収され閉鎖となった。熊谷空襲の際には目標からはずされていて、戦後の占領政策の拠点として利用しようとの意図があった可能性がある。

防衛研究所図書館蔵の、昭和一八年四月調によると、概要は次ページの表のとおり。

三尻陸軍飛行場　大里郡三尻村

面積	北西―南東一、七〇〇米　北東―南西一、六〇〇米
地面ノ状況	概ネ平坦ニシテ芝及小笹密生ス、硬度ハ普通ニシテ降雨後ノ排水両行ナリ 雪解ケノ際ハ地表稍泥濘ト為リ易シ
目標	熊谷市、深谷町、荒川、高崎線
障碍物	北東隅ニ高サ九米ノ格納庫アリ
離著陸特殊操縦法	離著陸方向ハ北西又ハ南東ヲ可トス
格納設備	大格納庫（八〇×六〇米）六棟、小格納庫三棟アリ
照明設備	大格納庫及本部庁舎屋上ニ障碍物標示灯アリ
通信設備	本部ニ電話アリ
観測設備	陸軍気象観測所アリ、航空気象ヲ観測ス
給油設備	アリ
修理設備	応急修理可能
宿泊設備	生徒舎アリ
地方風	夏季ハ南東風多キモ風速大ナラズ、冬季ハ午前一〇時頃ヨリ風速増大シ、午後二時頃最大ト為リ、日没頃ニ至リテ歇ムコト多シ
地方特殊ノ気象	六月至八月間ハ雷雨多ク降雹ヲ伴フ、梅雨期ハ各地ニ比シ天気良好ナリ 冬季ハ降水日数比較的尠ク天候概ネ良好ナリ
交通関係	熊谷駅ヨリ「バス」ノ便アリ
其ノ他	本場ハ熊谷飛行学校飛行場ナリ

御陵威ヶ原の碑

基地内にある教育参考館
関連資料が多く展示されている

戦後は米陸軍第四三歩兵師団の進駐を経て、一部は開拓地となった。昭和三三年に航空自衛隊熊谷基地が発足、その他の地域は工業地帯となって現在に至る。

基地内には教育参考館があり、関連史料が展示されている。御稜威ケ原の碑も現存している。基地内は当然ながら立ち入りできないが、事前申し込みによる見学は可能である。また、さくら祭や基地納涼祭の際に一般開放される。詳しくは航空自衛隊熊谷基地ホームページを参照されたい。

参考文献

埼玉県『新編埼玉県史　資料編二〇　近代・現代二　政治・行政二』　一九八七
熊谷空襲を忘れない市民の会『最後の空襲熊谷』　社会評論社　二〇二〇
航空自衛隊熊谷基地ホームページ

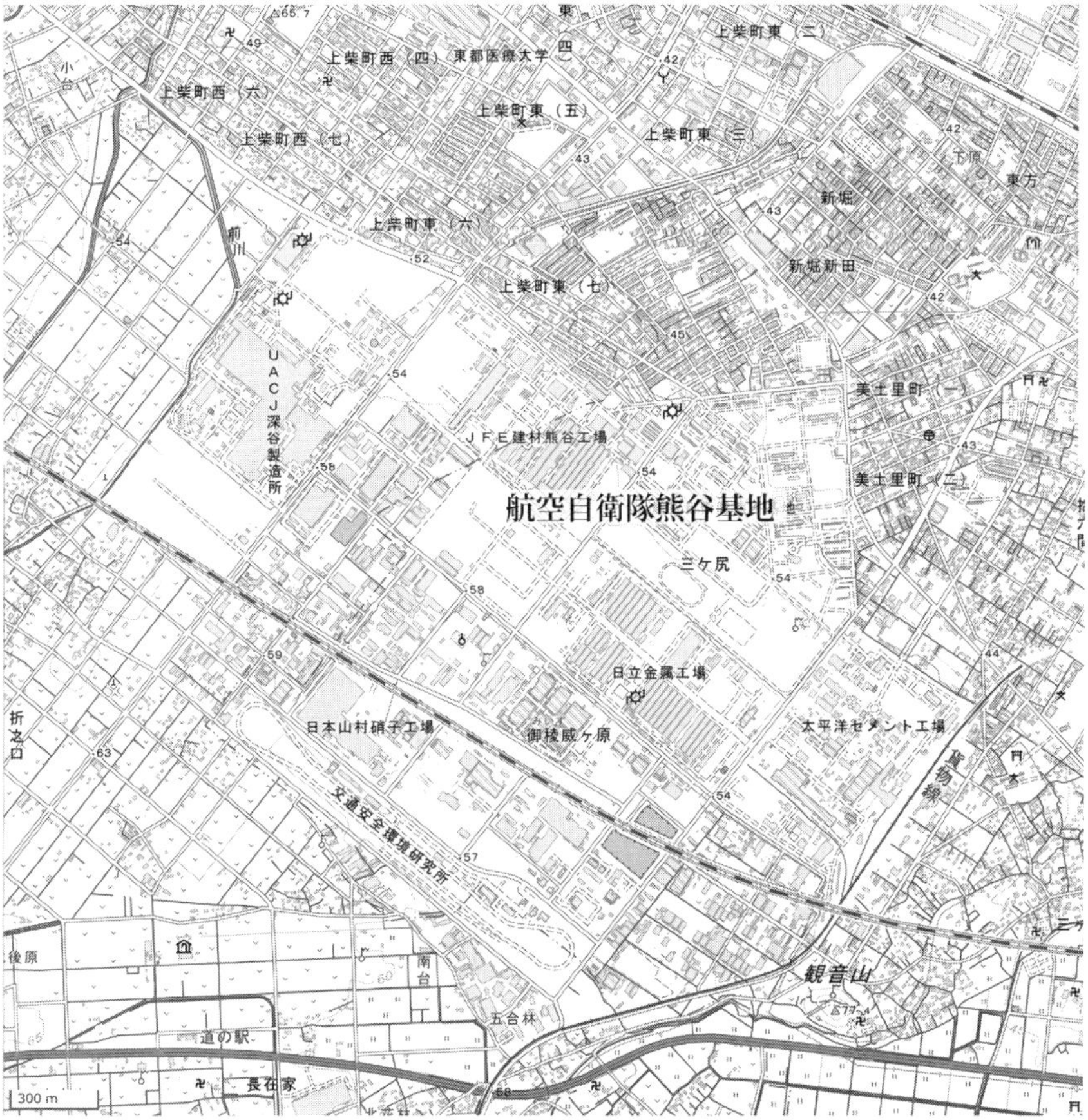

出典：国土地理院発行 2.5 万分 1 地形図

桶川市

熊谷陸軍飛行学校 桶川分教場

昭和一〇年一二月、航空兵力増強の機運が高まる中、熊谷陸軍飛行学校（現在の航空自衛隊熊谷基地周辺）が設立された。その後、各地に分教場が設置され、昭和一二年六月には川田谷村字若宮（現、桶川市）に熊谷陸軍飛行学校桶川分教場（のち分教所）が設置された。下士官への飛行機操縦の基本教育が行われた。川田谷飛行学校とも呼ばれた。所沢・熊谷に続く第三の飛行学校施設であったことから「第三の空都」と報道されている。

昭和一五年には、「軍都連絡ノ重要交通路」ということで、近くにあった仮橋の太郎右衛門橋を改築するよう地元から県への陳情が出ている。建物は、「陸軍建築設計要領」に則って設計された。昭和一八年より、それまでの「桶川分教所」という呼称が「桶川教育隊」に変更され、陸軍少年飛行兵（少飛）の他、陸軍特別操縦見習士官（特操）が入校してきた。志願した若者は「学鷲」と呼ばれた。昭和二〇年二月には熊谷陸軍飛行学校の閉校に伴い閉校。

以後、特別攻撃隊の訓練施設として使用され、特攻隊員が特攻隊出撃の場である鹿児島県の知覧特攻基地へ向かっている。

出典：国土地理院発行 2.5 万分 1 地形図

熊谷陸軍飛行学校桶川分教場の建物等配置図

現況敷地面積（アプローチ道路を含む）　9,552.80 平方㍍　　所有（現況部分）　桶川市
学校当時の全敷地面積　13,000～14,000 平方㍍

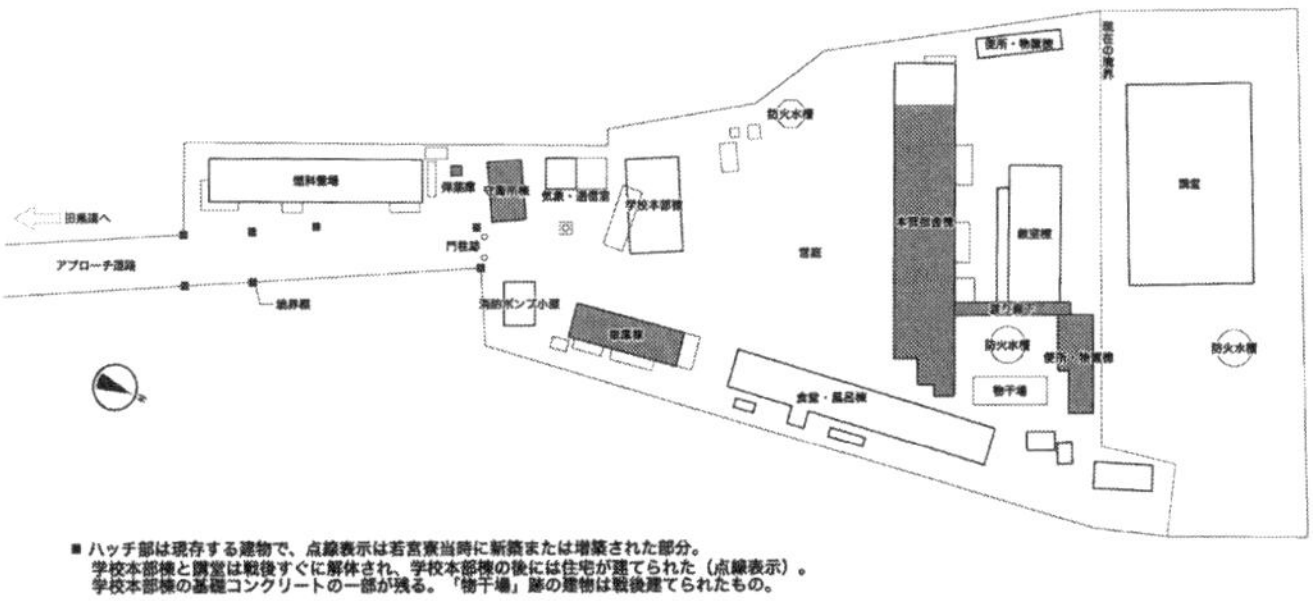

■ ハッチ部は現存する建物で、点線表示は若宮寮当時に新築または増築された部分。
学校本部棟と講堂は戦後すぐに解体され、学校本部棟の後には住宅が建てられた（点線表示）。

学校本部棟の基礎コンクリートの一部が残る。「物干場」跡の建物は戦後建てられたもの。

■ 木製正門柱の地下には基礎コンクリートが残り、敷地周囲には「陸軍」と書かれた花こう岩製の境界標が確認できる、

■ 建物はメートルモジュールで、トラス構造になっている。

■ 当時の滑走路はアプローチ道路を旧県道に出て、右折冠水橋（当時）を渡った下流側で、現在ホンダ航空が使用している。

提供：特定非営利活動法人 旧陸軍桶川飛行学校を語り継ぐ会

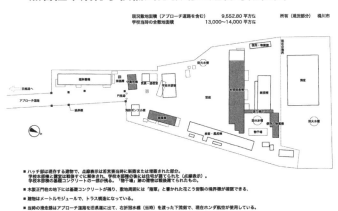

橋脇にある案内看板①

橋脇にある案内看板②

戦後は連合国軍の駐屯地として利用されたが、返還後は引揚者や戦災者、生活困窮者を収容する共同住宅川田谷引揚寮（通称、若宮寮）となった（平成一九年まで）。

現存する建物は弾薬庫・守衛棟・車庫棟・兵舎棟・便所棟で、平成二八年二月に桶川市の指定文化財（建造物）となった。平成三〇年から令和二年にかけて復元整備工事が行われ、令和二年八月四日、桶川飛行学校平和祈念館として生まれ変わった。整備前の写真や復元工事の概要は桶川市のホームページで見ることができる。公開されている場所は当時の範囲より狭くなっている。本来の敷地は現状よりもさらに北側に広がっていた。

県道川越栗橋線から荒川に架かる太郎右衛門橋脇の小さな道に入り（旧陸軍桶川飛行学校跡地の矢印看板あり）、さらに小さな道を右折（練習機の図が描かれた矢印看板あり）すると正面が分教場跡である。入口に駐車場があるが、駐車場に行くまでの間の道の両サイドに「陸軍」と刻まれた境界

熊谷陸軍飛行学校桶川分教場正門

数本残されている「境界標　陸軍」

守衛棟と建物内の様子

鉄筋コンクリート造の弾薬庫

杭数本が残っている。いくつかのものには「境界標　陸軍」と書かれた標識が設置されているが、ないものもある。おおよそ一定の間隔で残っているので、見当たらない部分は埋もれているか抜かれたかのどちらかであろう。境界杭は分教場敷地の周囲にもあり、西側に一本、標識の設置されたものが見られる。

　正門脇には弾薬庫がある。鉄筋コンクリート造平屋建てだが、屋根は木造である。内部は間口一・八二m、奥行き一・四七m、延床面積三・三〇㎡、建築面積三・三〇㎡と狭く、湿気対策として床を地面から高くしている。屋根を木造としているのは、万一爆発があっても、屋根が吹き飛ぶだけで弾薬庫自体は壊れないように工夫されたものである。実際には使われなかったようだ。内部は公開されていない。

　門を入って左側には守衛棟がある。木造平屋建て、切妻造、スレート葺きである。延床面積

車庫棟と作業用のピット

建物跡

六六・〇〇㎡、建築面積六六・〇〇㎡。四畳半畳敷きの守衛室が公開されている。

　門を入った右側には建物跡の表示があり、コンクリート片が置かれている。

　その北には車庫棟がある。トラックなどの軍事車両を保管・整備する場所であった。木造平屋建て、切妻造、スレート葺きである。昭和一八年に増築されていて、延床面積一二〇・六〇㎡、建築面積一二七・三七㎡。作業用のくぼみ（ピット）が再現されている。

　正面にあるのが兵舎棟（本部宿舎棟）で、木造平屋建て、切妻造、延床面積五三〇・七三㎡、建築面積五三〇・七三㎡。西側は昭和一八年に増築されている。入口を入ると右手は現在事務所として使用されているが、左手は展示スペースとして公開されている。寄宿室ではベッドの並ぶ様子が再現されている。ベッドは狭い感覚で配されて、頭の位置を互い違いにしていた。ソーシャルディス

兵舎棟

寄宿室のベッド

建物跡

便所棟内とトイレの甕

タンスどころかプライバシーもない。

北側の便所棟は、木造平屋建て、切妻造、スレート葺き。延床面積八八・〇〇㎡、建築面積八八・〇〇㎡。ここも昭和一八年に増築されている。増築部分で使われたコンクリート製のトイレの甕（元からあった部分は陶器製の甕を使用）も展示されている。

その他敷地内には、すでになくなってしまった建物や施設の場所が表示されている。気象通信棟・学校本部棟・教室棟・講堂・食堂棟・浴室棟・燃料倉庫・物置・消防ポンプ小屋などがあった。

西側河川敷には飛行場（桶川飛行場・川田谷飛行場）があり、訓練はそこで行われた。滑走路は、現在の本田航空株式会社の滑走路とほぼ同じ位置にあった。

防衛研究所図書館蔵の、昭和一八年四月調によると、概要は次ページの表のとおり。

桶川陸軍飛行場　北足立郡川田谷村

面積	北西―南東二、〇〇〇米　北東―南西三〇〇米
地面ノ状況	北西ヨリ南東ニ向ケ八〇〇分ノ一ノ下リ片勾配ヲ為ス　地表ハ細砂質ノ裸地ニシテ硬度ハ普通ナルモ、降雨後一部ニ水溜ヲ生ズ
目標	熊谷市、深谷町、荒川、高崎線
障碍物	
離著陸特殊操縦法	
格納設備	木造格納庫（四七×三八米）一棟
照明設備	
通信設備	
観測設備	陸軍気象観測所アリ、航空気象ヲ観測ス
給油設備	アリ
修理設備	ナシ
宿泊設備	ナシ、川越市ニ旅館アリ
地方風	九月―翌年四月間ハ北西風、五―八月間ハ南東風ナリ
地方特殊ノ気象	積雪日数一二・五、霧日数一〇・二 最高気温三八・四度、最低気温零下一一・六度ナリ
交通関係	桶川駅ヨリ「バス」ノ便アリ
其ノ他	

参考文献

桶川市『桶川市史　第5巻　近代現代編』一九八六

埼玉県『新編埼玉県史　資料編二〇　近代・現代二　政治・行政二』一九八七

桶川市『桶川市史　第一巻　通史編』一九九〇

桶川市ホームページ

旧陸軍桶川飛行学校を語り継ぐ会ホームページ

※旧陸軍桶川飛行学校を語り継ぐ会会長の鈴木義宏氏より御教示を賜りました。記して感謝申し上げます。

入間市・狭山市

陸軍航空士官学校

昭和一二年八月、陸軍士官学校が座間（座間市）に移転、一〇月には元所沢飛行学校跡に陸軍士官学校の分校が設立された。分校は昭和一三年五月、豊岡町（現、入間市）・入間川町（現、狭山市）に移転した。それに遡る昭和一二年六月二〇日には用地買収交渉があり、昭和一三年一月に地鎮祭が執行されている。実際には昭和六年に所沢陸軍飛行学校が周辺に着陸場を物色していて、入間川町河原を最も有力視、着陸演習が行われているから、早くから目を付けられていたのだろう。建設は突貫工事で行われ、囚人や朝鮮人労働者も投入された。昭和一三年一二月一〇日、軍航空士官学校令制定により、分校は昇格独立して陸軍航空士官学校となった。

昭和一六年三月の天皇行幸に際して「修武台」と命名される。

周辺では昭和一五年に豊岡憲兵分隊、昭和一七年に豊岡陸軍病院が建設され、「軍都」へと変貌していった。

防衛研究所図書館蔵の、昭和一八年四月調によると、概要は次ページの表のとおり。

天皇の行幸は昭和一六年三月以外にも昭和一四年四月、昭和一七年三月に行われ、昭和一五年

豊岡陸軍飛行場　入間郡入間川町

面積	北西―南東一、四〇〇米　北東―南西八〇〇乃至一、一〇〇米
地面ノ状況	平坦且堅硬ニシテ全面植芝
目標	村山貯水池
障碍物	
離著陸特殊操縦法	
格納設備	大、小格納庫二六棟
照明設備	
通信設備	対航空機用陸軍無線通信所アリ
観測設備	陸軍気象観測所アリ
給油設備	燃料補給可能
修理設備	完備セル修理施設アリ
宿泊設備	アリ
地方風	全年ヲ通ジ北風多シ
地方特殊ノ気象	
交通関係	入間川駅（西武鉄道）西方約三〇〇米　豊岡町駅（武蔵野鉄道）西方約一粁
其ノ他	本場ハ陸軍航空士官学校飛行場ナリ

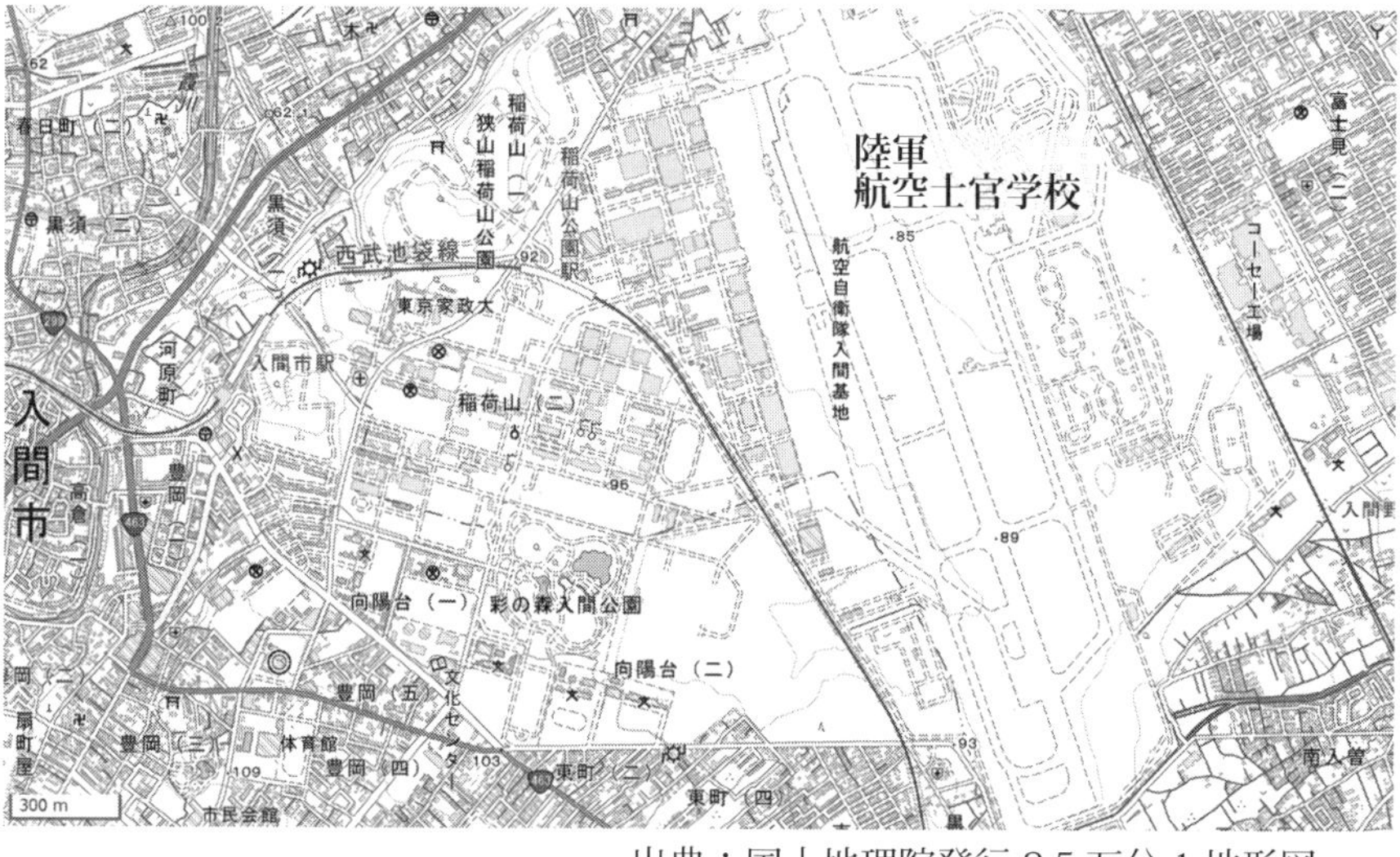

出典：国土地理院発行 2.5 万分 1 地形図

航空神社跡の碑

上原大尉自刃之碑

修武臺（台）の碑

にも計画されたが中止となった。

戦後、修武台はアメリカ軍の進駐するところとなり、昭和二一年二月にジョンソン基地と改められた。現在では航空自衛隊入間基地となっている。敷地内には元の校舎（戦後は米軍司令部）を利用した資料館、修武台記念館が建つ。ほかに修武台の碑、航空神社跡の碑、航空兵の像、上原大尉自刃の碑などもある。

入間基地内は基本的に立ち入り禁止であるが、申し込みによる見学は可能である。詳しくは入間基地ホームページを参照されたい。

参考文献

埼玉県『新編埼玉県史　資料編二〇　近代・現代二　政治・行政二』　一九八七
入間市史編さん室『入間市史　近代Ⅱ・現代史料編』　入間市　一九九一
入間市史編さん室『入間市史　通史編』　入間市　一九九四
狭山市『狭山市史　通史編Ⅱ』　狭山市　一九九五
入間基地ホームページ
「帝國陸海軍現存兵器一覧」（ホームページ）

コラム

◆◇防空監視哨◇◆

防空監視哨は、敵機の飛来をいち早く察知し、防衛司令官に連絡したり、住民の防護活動準備を行ったりするために設けられた。空襲が頻繁に行われるようになってから設置されたわけではなく、昭和一六年一二月一七日「防空監視隊令」（勅令一一三六号）の施行を受けて設置されている。山が近い場所では山上や高台に設置されることが多かった。平地では建物の屋上などに設けられるものもあり、形態は様々であった。

入間川監視哨は昭和一二年に入間川尋常高等小学校（現、狭山市立入間川小学校）の校舎屋上に設置された。畳二枚分の広さで、四方に防弾用の古畳が置かれていた。

武川村（現、深谷市）では、昭和一三年に武川尋常高等小学校（現、川本北小学校）裏庭に高さ約五mの望楼が建てられた。後に学校西側の菅沼地内に移設。さらに昭和一八年には学校西約一五〇mの場所にコンクリート製半地下式聴音壕と木組望楼、事務室兼詰所が作られた。

熊谷市原島の八坂神社では、社殿後方に防空監視哨が置かれたため、監視の妨げになるとの理由で御神木の椋榎が伐採された。

寄居町六供には杉丸太製の防空監視哨が置かれたが、後に鐘撞堂山山頂に移転した。望楼と通信・炊事・休憩のための小屋があったという。鐘撞堂山は戦国時代の見張り場と伝わり、鐘を搗いて合図をしたという。眺望がよく、ハイキングコースとして知られていて、寄居駅から歩いてここを訪ねるハイカーは多い。現在、山頂は雑木がきれいに刈り払わ

八坂神社（熊谷市原島）

コラム

鐘撞堂山遠景（寄居町）

山頂に置かれている鐘

鐘撞堂山山頂からの眺め

れ、展望台が設けられているほか、小さな鐘が置かれている。山の由来を記した案内板もあるが、防空監視哨については特に触れていない。

県内には防空監視哨の明瞭な遺構はないが、近隣では栃木県鹿沼市、那須烏山市、群馬県みどり市、神奈川県相模原市、山梨県大月市などに基礎などが残っている。

参考文献

寄居町教育委員会町史編さん室『寄居町史　通史編』　寄居町教育委員会　一九八六
川本町『川本町史　通史編』　一九八九
埼玉県神社庁神社調査団『埼玉の神社　大里　北葛飾　比企』　埼玉県神社庁　一九九二
狭山市『狭山市史　通史編Ⅱ』　一九九五
「空港探索」（ホームページ）

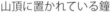

ふじみ野市

東京第一陸軍造兵廠 川越製造所

昭和三年、現在の東京都北区滝野川にあった陸軍の火工廠（弾薬製造工場）の福岡村（現、ふじみ野市）移転が計画された。東上線が通り、新河岸川に臨む福岡村は運輸交通上、絶好の場所と考えられたのである。

一般的に軍の施設建設に伴う土地買収については、不満はあったのだろうが、ほぼ抵抗なく地主が応じることが多かった。しかし、ここでは反対運動（耕作権擁護運動）が起こり、第一期の買収が終了したのは昭和六年一一月であった。昭和四年七月一五日の福岡村農民大会で火工廠耕作権擁護同盟が設立された。八月一九日には陸軍省に陳情書を提出している。

火工廠建設は昭和一一年に開始。一一月二三日に地鎮祭が行われた。翌年の福岡工廠工事人夫募集回文では「戦争は弾丸（タマ）がなければ勝つ見込みなし　早く弾丸作る場所を作りませう此れも銃後の勉めです」とある。昭和一二年一二月二五日に開場式が行われた。以後、敷地は何度か拡張されている。また、第一期の工事中に上福岡貝塚が発見され、調査が行われている。上福岡駅から火工廠まで引込線を作る計画があったが、施設の増設によって当初より駅に近く

【川越製造所跡地図】
①境界杭　②境界杭　③ふじみ野市立上福岡歴史民俗資料館
④権現山　出典：国土地理院発行 2.5 万分 1 地形図

なったことから、中止となった。敷地のみ陸軍用地として残された。

ちなみに、名称は陸軍造兵廠東京工廠福岡派出所→陸軍造兵廠東京工廠火具製造所福岡工場→東京陸軍第一造兵廠第三製造所福岡工場→東京第一陸軍造兵廠川越製造所と変遷している。

製造していたのは主に機関砲用の弾薬筒、火具類、銃用雷管などで、戦争末期には風船爆弾の信管部品なども造られていた。工場内には約六〇〇棟の建物があった。周囲をコンクリート塀で囲み、外から中が見えにくいように樹木も植えられた。倉庫などの周りには万一爆発事故があった時に周囲への引火を防ぐための土塁や防爆壁が築かれていた。作業には学徒動員された旧制中学校の生徒や女子挺身隊員もあたった。川越中学校では、昭和二〇年二月から三年生と一年生約四百名が動員され、作業中の爆発で生徒一名が亡くなっている。最盛期には七千五百人あまりの従業員が働いていた。敷地内は禁煙であったが、こっそり喫煙している人もいたようだ。

周辺には従業員の住宅である官舎、徴用工舎（戦後は引揚寮）、営団、憲兵分屯所なども設けられた。やや離れた現在のふじみ野市立大井図書館の西側一帯には大井倉庫も設けられた。

戦後は米軍が進駐した。昭和二三年には、敷地北東部に財団法人翠光会が戦争で夫を失った女性に援助活動を行うための施設「婦人の街」が造られている。その他、学校や工場、団地などが造られた。

平成16年に解体された水槽塔
提供：ふじみ野市立上福岡歴史民俗資料館

工場内にあった建物等は比較的近年まで残されていたものが多い。そのため写真や平面図が残されているものもあるが、現在目にできるものは少ない。工場のシンボル的存在であった水槽塔（給水塔）も、平成一六年に解体されている。桜通りの福岡中央公園東端の交差点角に「陸軍用地」「四六九」と刻まれた境界杭が建っている。官舎公園脇には「陸軍用地」「七」と刻まれた境界杭が建っている。権現山古墳群脇には「新河岸川沿いの歴史と緑の散策路」案内板があり、

境界杭に刻まれた
「陸軍用地」と「七」

境界杭に刻まれた
「陸軍用地」と「四六九」

権現山古墳群の一部

製造所周辺に残るコンクリート塀

製造所の範囲の約半分が明示されている。

周辺にはコンクリート塀があるが、一部は造兵廠時代の物が残っているようだ。川越市南古谷に向かう道路はかつての軍用道路である。南古谷駅から通勤していた者もかなりいたようだ。

ふじみ野市立上福岡歴史民俗資料館の敷地内には移された境界杭数本、発掘調査により出土した水溜（防火水槽）の口縁部、「承役地」の標石が展示されている。承役地とは、地役権が設定された土地で、個人所有のままではあるが、造兵廠が利用したいときに利用できることになっていた。別に昭和一五年一二月に東京第一陸軍造兵廠福岡分會が紀元二六〇〇年記念に桜を植樹した記念碑も移されている。資料館内には復元模型や関連資料も展示されている。

市街地にあることもあって、敷地内では発掘調査が多く実施され、機関砲弾・水槽・防空壕・ヒューム管など多くの関連遺構・遺物が出土している。権現山遺跡第二五地点からは「軍事機密」「軍事極秘」「軍事秘密」と記されたアルミ札が大量に出土している。

水溜の口縁部

「承役地」標石

歴史民俗資料館内にある展示品

参考文献

上福岡市立歴史民俗資料館『旧陸軍の施設』 一九九二
上福岡市立歴史民俗資料館『激動の昭和史in上福岡』 一九九五
上福岡市教育委員会・上福岡市史編纂委員会『上福岡市史 資料編 第三巻 近代』 上福岡市 一九九八
上福岡市教育委員会『旧陸軍造兵廠福岡工場（川越製造所）』一九九八
上福岡市教育委員会・上福岡市史編纂委員会『上福岡市史 通史編 下巻』 上福岡市 二〇〇二
ふじみ野市立上福岡歴史民俗資料館『東上線の開通と上福岡駅』 二〇〇五
ふじみ野市立上福岡歴史民俗資料館『東京第一陸軍造兵廠の軌跡』 二〇〇七
ふじみ野市立上福岡歴史民俗資料館『戦後のあゆみ ～ふじみ野市誕生までの軌跡』 二〇一五
ふじみ野市立上福岡歴史民俗資料館・大井郷土資料館『資料館通信』六九 二〇一六
川越市立博物館『戦中・戦後の川越の歩み』 二〇一八
「近代史跡・戦跡紀行～慰霊巡拝」（ホームページ）
「戦争遺跡データベース」（ホームページ）

川越市

浅野カーリット

川越市の南東、川越東高等学校周辺は、かつて浅野カーリットの敷地であった。カーリットとはカーリット爆薬のことである。スウェーデンカーリット社からカーリットの極東における製造販売の特許権を取得した浅野総一郎は、浅野同族会社で研究開発に着手し、製薬部を新設した。大正九年に日本カーリット株式会社を設立。のち、浅野セメント株式会社に吸収合併されるが事業は継続、昭和九年に浅野カーリット株式会社となる。その後、昭和一七年に関東電気興業株式会社、昭和二〇年に関東電気工業株式会社と改称、昭和二六年に日本カーリット株式会社と改称して現在に至る。

川越では昭和一四年頃から操業を開始、現在の萱沼の東側と久下戸の一部が敷地だったという。火薬庫・弾薬を製造する工場・それらを囲む爆発事故の被害を抑えるための土塁などがあった。柄付き手榴弾・発煙筒・導爆線などが作られ、南古谷駅まで牛車で運ばれていた。大戦末期には陶器製手榴弾・陶器製地雷への火薬装填・信管の取り付けを行っていた。金属が不足していた大戦末期、武器も金属製から陶器製に代用されるようになっていたのである（ただし、陶器製地雷は磁器探知機にかからないことを考慮しているため、単なる代用とは言えない面もある）。各地から集め

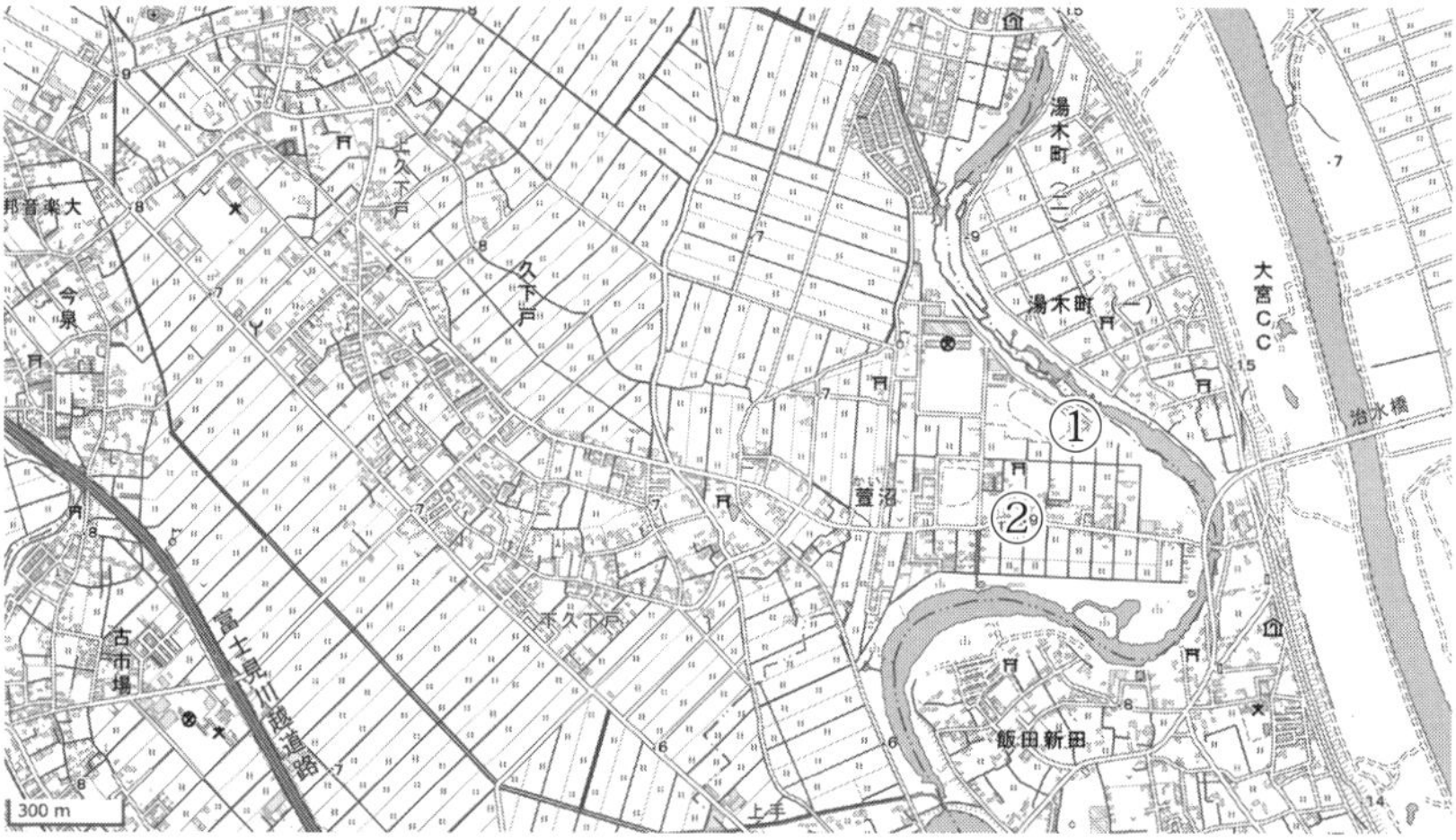

【浅野カーリット跡地図】
①びん沼川　②神明神社　出典：国土地理院発行 2.5 万分 1 地形図

られた陶器は福岡村の陸軍造兵廠に集められ、造兵廠や浅野カーリットで組み立てられたのだ。手榴弾製作過程では爆発事故もあったようだ。昭和二〇年二月からは、川越中学校の二年生二〇人が勤労動員されている。工場に対する機銃掃射や空襲はなかったという。

戦争が終わると、工場は生産を停止した。出荷が間に合わなかった兵器は荒川で爆破処分された。各地から集められていた、火薬充填がされていない陶器製手榴弾の弾体は工場北側のびん沼川河川敷に廃棄された。廃棄作業には近隣の農家の方々が動員されたという。現在でも廃棄された状態で残っている。かつては完形のものもあり、近所の人が花瓶や湯たんぽ等に使うため持って行ったこともあった（廃棄作業に報酬がなかったため、現物支給品として持ち帰った可能性もあり）ようだが、報道やインターネットでの情報をもとに採集にくる者が多く、現状では地表に出ている部分では完形のものは見当たらない。大きく掘り返した跡もあり、景観はかなり変わってしまったようである。ある

びん沼川に廃棄された弾体

意味不法投棄でもあり、戦争遺跡として保存するにはハードルが高いように思われる。

廃棄されているのは昭和一九年に設計された「手榴弾四型」「四式手榴弾」と呼ばれるもので、チビ弾（ガラス製青酸ガス弾）を模した球状をしている。生産地は大半が信楽系のもので、ほかに瀬戸系・有田系（波佐見系を含む）・産地不明のものがある。

浅野カーリットに関わるものとしては、守衛所の建物が事務所に改築されて近年まで残っていたが、現在は残っていない。ほかに神明神社が残っている。もとはカーリット内の奉安殿として建てられたもので、境内の二基の石灯籠に「御神灯　奉納工員一同」「御神灯　昭和拾五年四月吉日」と刻まれている。カーリットの基礎工事を請け負っていた神長三郎氏が、工場の面影を残すため、戦後浅野カーリット本社に神社を地元に寄付するよう訴えたことにより、地域の神社として現在も存続している。

石灯籠裏側

神明神社

川越市内では、ほかに火薬類の製造を行っていた会社として、現在の伊勢原町に帝国化工（帝国化工品製造株式会社　現在の日油技研工業株式会社）があった。現在は住宅地になっている。

参考文献

新井博『川越の歴史散歩（霞ヶ関・名細編）』　川越郷土史刊行会　一九八二
「戦後六十年　あのころの川越」（『広報川越』№一一〇八　二〇〇五）
さいたま民俗文化研究所『福原・南古谷地区の民俗』　川越市教育委員会　二〇〇五
立命館大学文学部学芸員過程『陶器製手榴弾弾体の考古学的研究』　二〇〇六
川越市立博物館『戦中・戦後の川越の歩み』　二〇一八
ふじみ野市立上福岡歴史民俗資料館「戦時代用としての陶器（リーフレット）」　二〇一九
髙橋史朗「川越市びん沼川採集の戦争遺物」（池上悟先生古稀記念会『芙蓉峰の考古学Ⅱ』　六一書房　二〇二〇）
日本カーリット株式会社ホームページ

寄居町

鉢形航空廠

昭和一六年八月、航空爆弾製造のため陸軍航空本廠寄居出張所が開設された。設置された三ヶ山一帯は谷地が多数あるため、尾根が土塁の代わりとなって万一倉庫が爆発しても他の倉庫への被害を食い止められる。また、東上線に近いという交通の便もあった。

昭和一七年一〇月には立川陸軍航空廠寄居出張所、昭和一八年一〇月二〇日には東京陸軍航空補給廠寄居出張所と改称されている。施設としては、男衾駅から引いた引込線とそのホーム、事務所、守衛所、工場、倉庫などがあり、周囲には有刺鉄線を張った外柵が巡っていた。工場・倉庫は最終的には四八棟くらいあったという。正門は北に、裏門は南にあった。昭和二〇年になると防空壕や横穴が掘られた。また、高射砲陣地もあった。

男衾駅には近年まで航空廠への引込線のホームが残っていた。線路の跡は、寄居駅方面に向かった所にある踏切脇に、細い舗装道路となって残っている。

山口製作所と民家の間を流れる塩沢川支流には引込線のコンクリート橋が残っているが、近づくことはできない。そのそばに工員宿舎と見られる木造家屋が最近まで存在していた。筆者が最

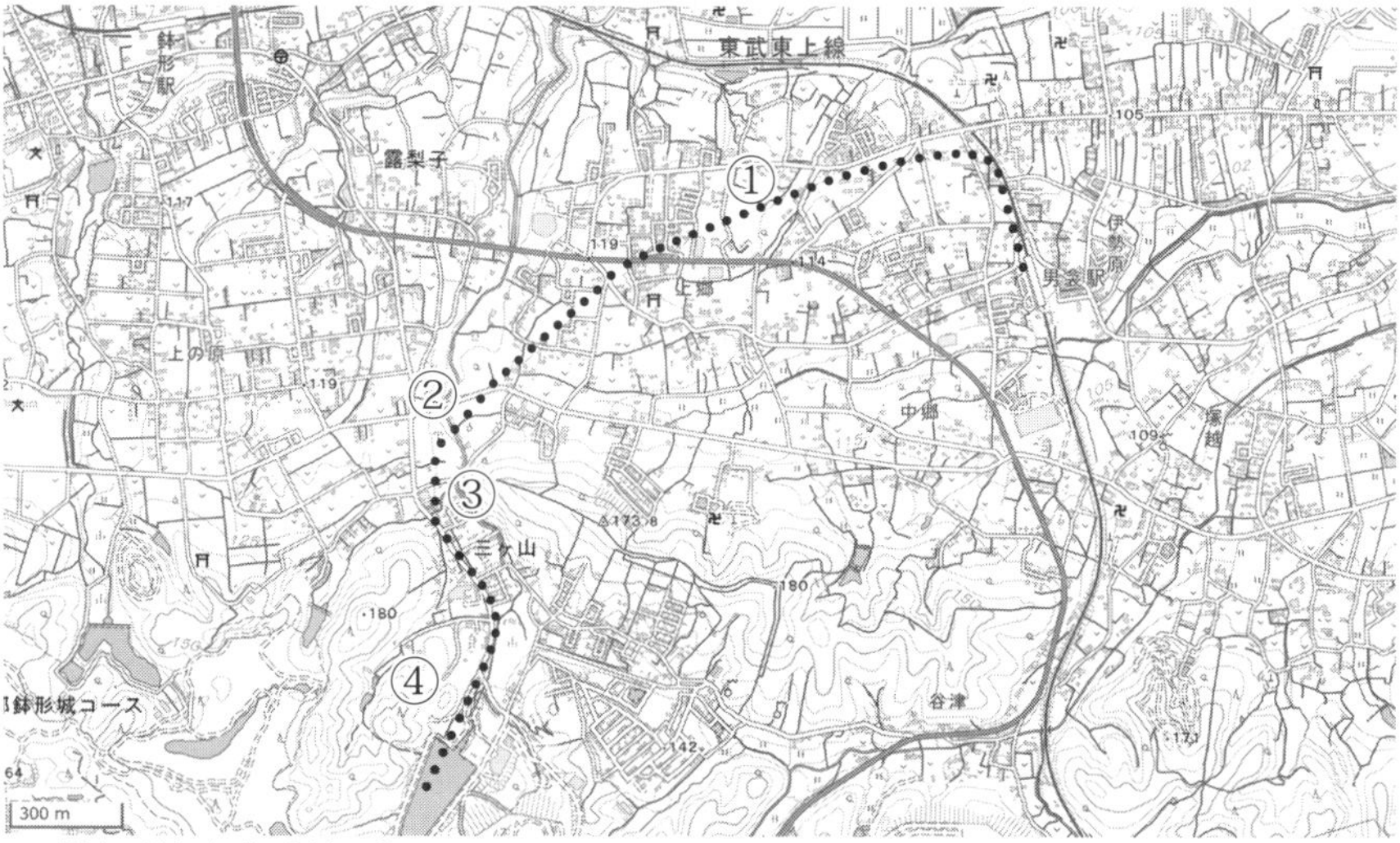

【鉢形航空廠跡地図】
①引込線跡　②引込線の橋　③工員宿舎（現存せず）
④倉庫　出典：国土地理院発行 2.5 万分 1 地形図

男衾駅周辺に残る引込線跡

初に写真撮影に行った時点では残っていたが、その後再訪したところ、解体されて更地になっていた。

　三ヶ山会館脇の細道を谷に向かって歩くと、コンクリート基礎、鉄骨造りの建物の跡がある。いくつかのホームページに平屋建ての倉庫の写真が掲載されているが、その跡だろうか。脇には防火水槽跡と思われるコンクリート製の円形の枠がある。その奥には二階建てだったと思われるコンクリート造りの倉庫が半ば廃墟化して残っている。内部は荒れ放題で、そのうち倒壊してしまうのではなかろうか。その奥には玉石垣により段差がつけられている。奥も平坦であるので、

塩沢川支流に架かる
引込線コンクリート橋

工員宿舎と見られる木造家屋（現存せず）

二階建てのコンクリート造りの倉庫

倉庫入り口

鉄骨造りの建物跡

防火水槽跡？

三ヶ山神社と防火水槽跡

何か施設があったのだろう。段差のそばに防火水槽跡や階段、排水路らしき遺構が見られ、上段の平場からの排水を流したと思われる排水管が排水路に伸びている。また周りの崖面には明らかに人工的に整形した跡が明瞭に残っている。

　東側の三ヶ山神社のある尾根は平坦化され、防火水槽跡と思われるコンクリート製の円形の枠が残っているので、このあたりにも何か施設があったものと思われる。このあたりは整備されていないため、草が伸び放題であることから、冬場の探訪をお勧めする。

　航空廠の中心部は埼玉県環境整備センターや三ヶ山緑地公園となっている。特に説明板等はない。貨物ホーム土台石が残っているというが、筆者は確認できなかった。

埼玉県環境整備センター

三ヶ山緑地公園

参考文献

寄居町教育委員会町史編さん室『寄居町史　通史編』　寄居町教育委員会　一九八六
寄居町教育委員会町史編さん室『寄居町史　近・現代資料編』　寄居町教育委員会　一九八七
「近代史跡・戦跡紀行～慰霊巡拝」（ホームページ）
「戦争遺跡データベース」（ホームページ）

春日部市

服部時計店南桜井工場

精工舎は、服部時計店（現・セイコーホールディングス株式会社）の製造・開発部門として明治二五年に設立された。戦局が悪化する中、陸軍関係時計信管部門を南桜井村（現、春日部市）に疎開するよう命令が出た。工場の敷地は南桜井村大字金野井、大字大衾、川辺村（現、春日部市）大字米島、大字新宿新田にまたがる一五万四〇〇〇坪で、昭和一八年一二月二一には土地買収登記が完了している。工事は翌年三月から、工場建設隊として延べ一万人の勤労動員が行われた。危険な作業は朝鮮人労働者が行ったという。

工場は服部時計店南桜井工場（服部工場）と命名され、一〇月二八日には開工式が行われている。この年、川辺村の人口は八六・七％増加している。生産していた兵器は信管・機関砲弾の弾体および管頭・小銃弾部品等であった。昭和二〇年七月一日からは、東京第一陸軍造兵廠第三製造所江戸川工場が工場北部敷地内に移転、東京第一陸軍造兵廠第三製造所新江戸川工場として操業が始まった。信管は、新江戸川工場では瞬発信管、南桜井工場では時限信管が作られていたという。新江戸川工場では「ふ爆弾」こと風船爆弾の信管も作っていたという。六月には空襲もあった。

工場跡正門の門柱

戦後は、米軍の進駐後、キリスト教社会運動家の賀川豊彦の構想のもと、昭和二一年三月二八日に株式会社農村時計製作所が発足する。その後はリズム時計工業株式会社が発足、その移転後はショッピングモールや住宅地として開発されて現在に至る。

工場への来訪者は東武鉄道野田線南桜井駅を利用した。現在の南桜井駅の場所ではなく、西にあった。現在の南桜井駅のある場所は、工場の資材・製品輸送のため設置された米島仮停車場であった。昭和二〇年九月三〇日に工場の生産停止により米島仮停車場は廃止、昭和三一年に南桜井駅がその場所に移転している。

施設の建物は、一九九〇年代までは残っていたようだが、現在ではほぼない。工場の正門は南西隅にあり、現在でも門柱が現存している。以前は病院があり、工場の施設も転用されて残っていたものがあったというが、現状では開発工事が進行中である。門柱も近いうちに消滅してしまうかもしれない。

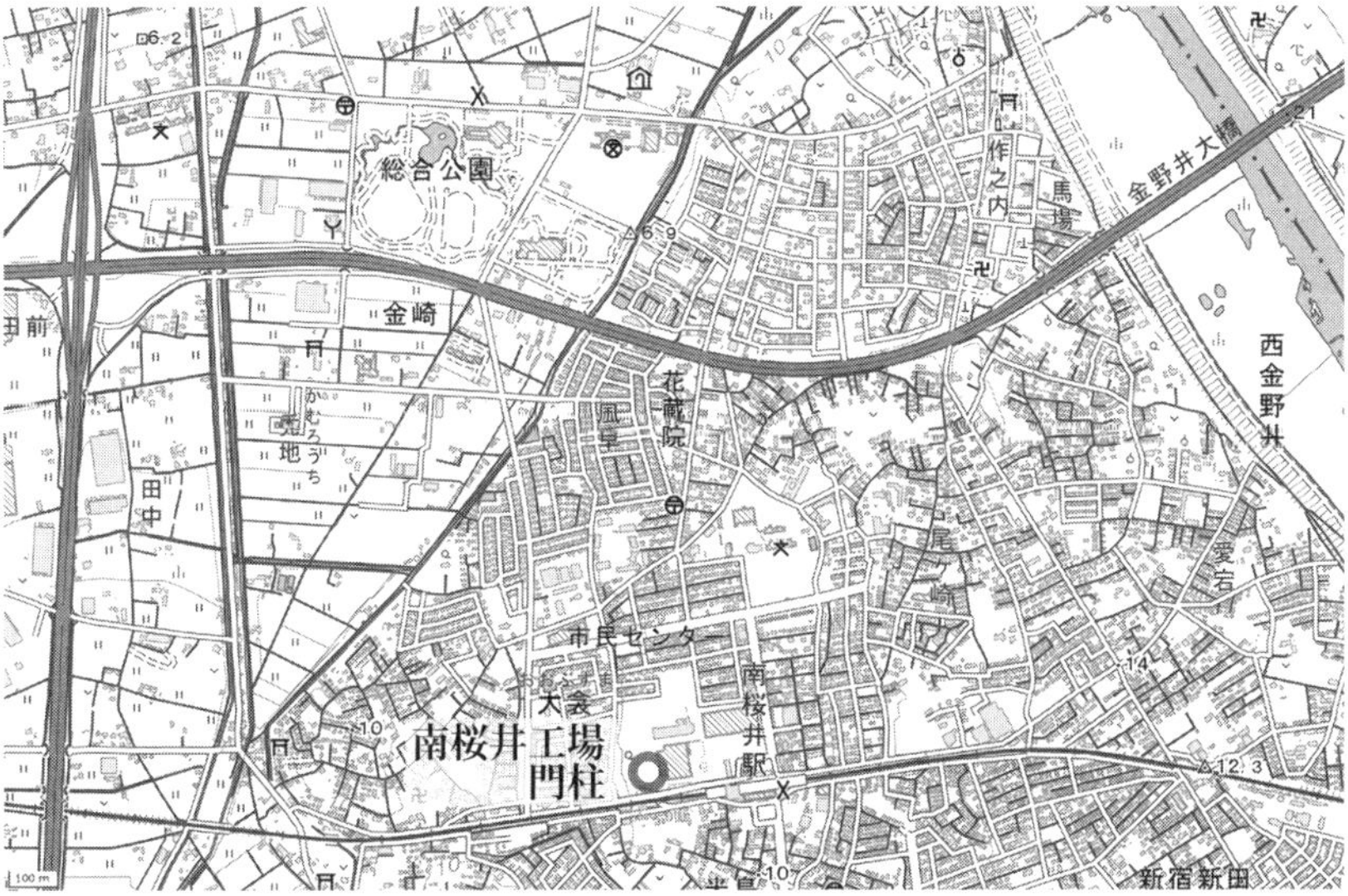

出典：国土地理院発行 2.5 万分 1 地形図

参考文献

埼玉歴史教育者協議会『知っていますか　埼玉と戦争』　一九九五

庄和高等学校地理歴史研究部『ある時計工場の歴史1　むかし庄和町に軍需工場があった』　一九九一

春日部市史編さん委員会『春日部市史　庄和地域近代・現代』春日部市　二〇一三

春日部市教育委員会文化財保護課・郷土資料館「ほごログ」（ブログ）

「戦争遺跡データベース」（ホームページ）

深谷市

東京第二陸軍造兵廠 深谷製造所

昭和一八年、陸軍兵器廠の板橋火薬工場の疎開先として、深谷に工場が建設されることとなった。高崎市にあった岩鼻製造所に近かったこと、小山川の水利、深谷駅から日本煉瓦製造株式会社上敷免工場まで専用線が敷設されていたことが理由と考えられる。移転のための用地買収が一一月より開始された。昭和一九年一〇月に「東京第二陸軍造兵廠深谷製造所」が設立され、本部は現在の深谷第一高等学校の地に置かれた。工場は明戸（明戸村 現、深谷市）、原郷（深谷町・幡羅村 現、深谷市）、櫛挽（藤沢村・本郷村・岡部村・用土村 現、深谷市・寄居町）に置かれ、それぞれ深谷駅から引込線が延びていた。工場では小銃に使用される火薬を作っていた。

工場の建設は学徒（深谷商業学校・深谷高等女学校・埼玉師範学校等）のほか徴用工朝鮮人労働者も動員された。原郷工場では、朝鮮人の逃亡事件がたびたびあったという。

原郷では、当時の給水塔が住居として再利用され、現存している。内部は部外者は立ち入り禁止。鉄筋コンクリート造五階建で、最上部五階部分が水のタンクになっていた。一時期は松根油を採取する装置も設けられていた。鉄筋コンクリートのラーメン構造が外観にそのまま現れてい

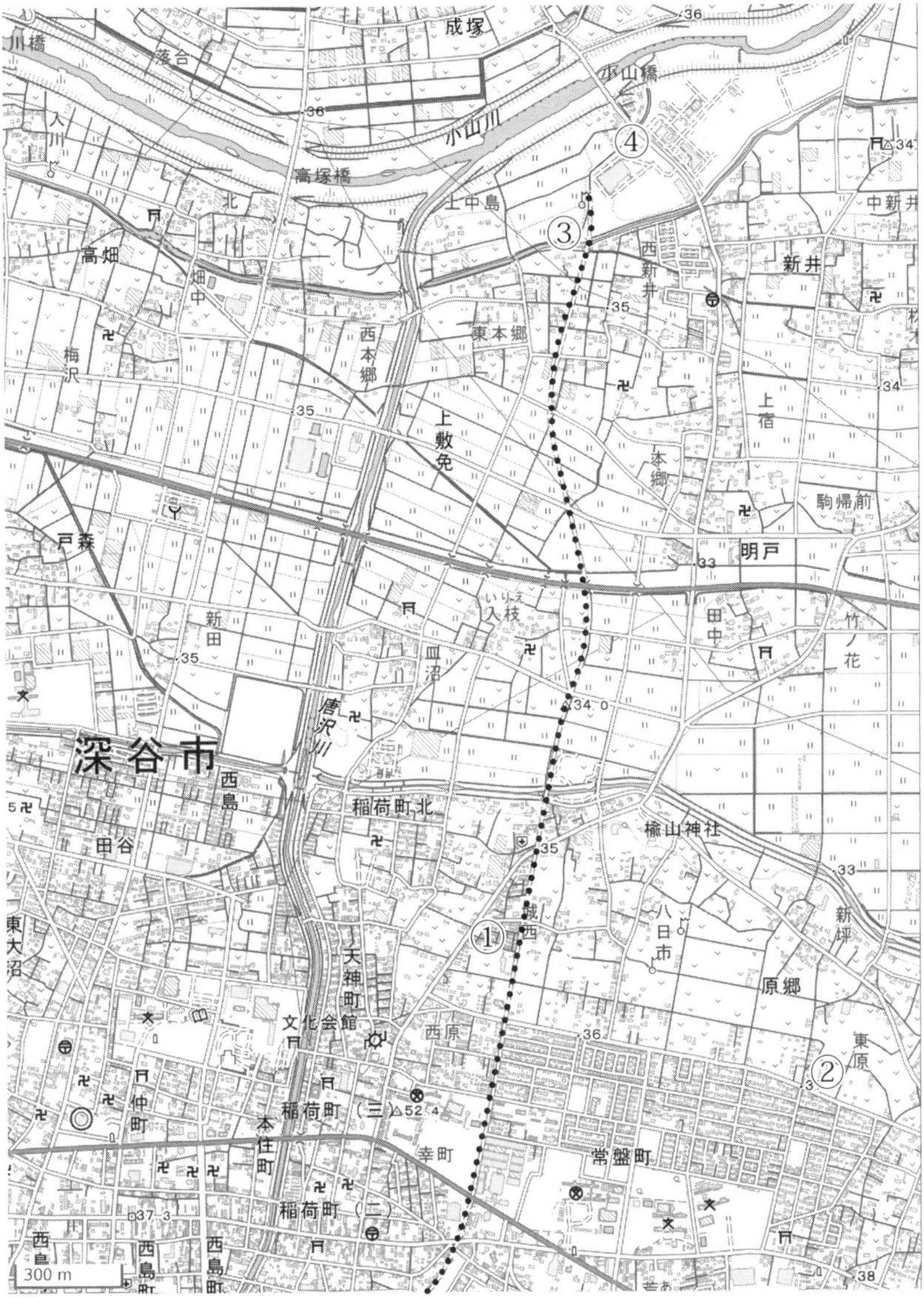

【深谷製造所跡地図 1】

①引込線跡　②給水塔　③引込線鉄橋

④旧煉瓦製造所　出典：国土地理院発行 2.5 万分 1 地形図

遊歩道になっている引込線跡

給水塔

「日本煉瓦製造株式会社上敷免工場」旧事務所

る。高さ一八m。延床面積二〇五・五㎡。面積四一㎡。二〇〇二年一〇月一八日に国の登録有形文化財に指定された。

明戸工場はもともと存在していた「日本煉瓦製造株式会社上敷免工場」敷地内の東側に造られている。昭和一八年一一月二五日に地元地権者が用地買収に応じている。昭和二〇年五月二一日には火災が起きている。明確な遺構はないが、日本煉瓦製造株式会社上敷免工場については国指定重要文化財「日本煉瓦製造株式会社旧煉瓦製造施設」として保存されている。旧事務所・旧変電室・ホフマン輪窯六号窯が残り、旧事務所は日本煉瓦史料館となっている。これらは明戸工場となる前に建設されたものである。

引込線の一部は遊歩道になっていて、旧煉瓦製造施設の南東に備前渠鉄橋が残っている。すぐ南側の用水路には煉瓦アーチ橋も残っている。ちなみに橋のかかる備前渠（備前堀）も、「世界かん

煉瓦工場創業百周年の記念碑

変電所跡

引込線跡遊歩道と煉瓦造りの塀

煉瓦アーチ橋

備前渠鉄橋

がい施設遺産」に登録されている。

櫛挽工場は、現状では農地となっている。その中に、武器・弾薬庫跡とされる鉄筋コンクリート造り二階建ての建物が残っている。周辺の民家敷地内にも遺構と思われるものがあるようだ。

鉄筋コンクリート造り建物とその内部

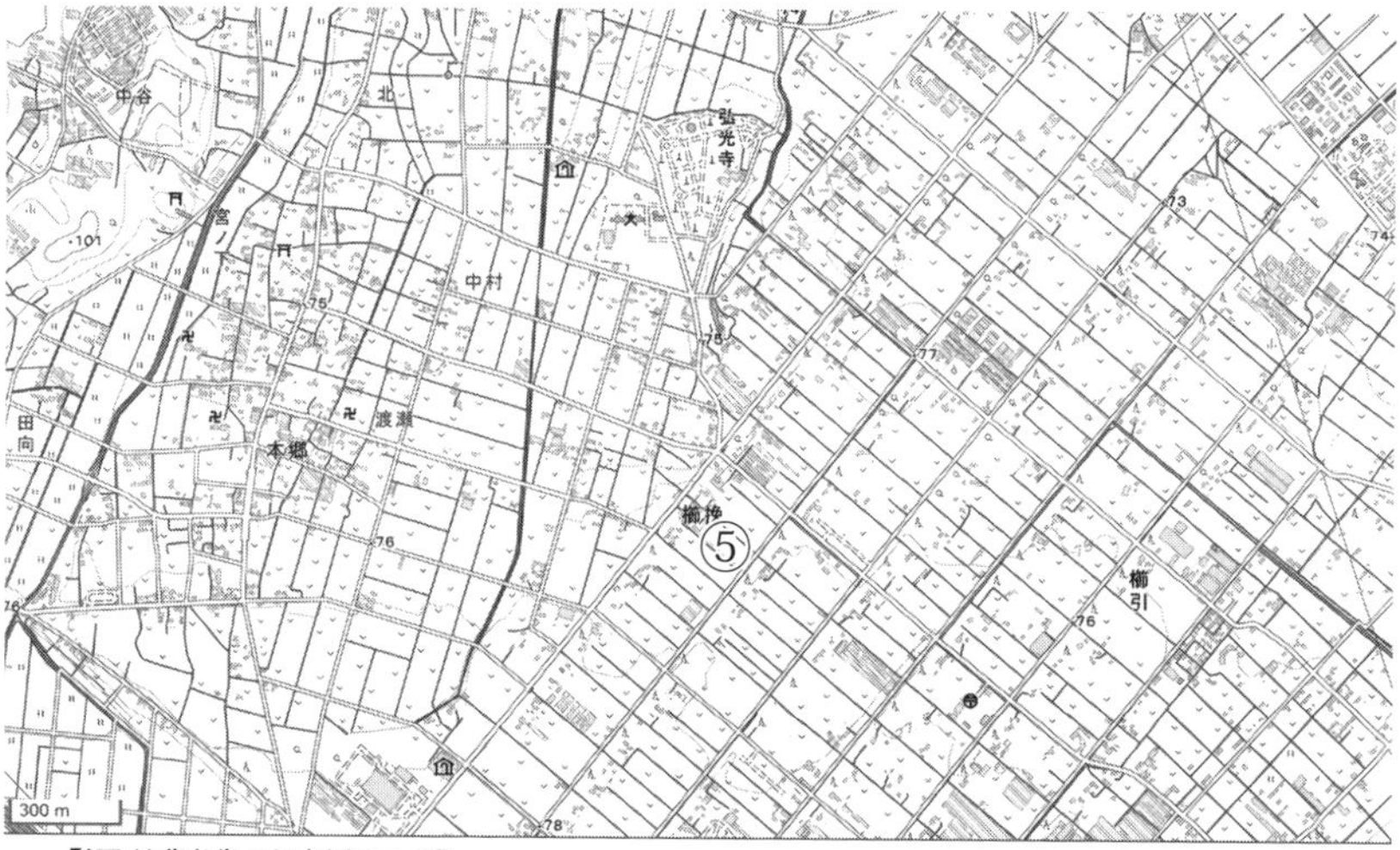

【深谷製造所跡地図 2】
⑤鉄筋コンクリート建物　　出典：国土地理院発行 2.5 万分 1 地形図

参考文献
埼玉県朝鮮人強制連行真相調査団『朝鮮人強制連行調査の記録　埼玉編　中間報告』　一九九八
「深谷と戦争」（広報ふかや　二〇一二年七月号）
「近代史跡・戦跡紀行〜慰霊巡拝」（ホームページ）
「文化遺産オンライン」（ホームページ）

コラム

◆◇風船爆弾◇◆

戦時中、日本軍が開発し、実戦投入した兵器で「ふ号兵器」と呼ばれる。昭和一九年に実用化された。水素を充填した直径一〇ｍの気球に爆弾を搭載し、落下すると爆発する。これらを千葉県一宮・茨城県大津・福島県勿来の各海岸の基地からジェット気流に乗せ、アメリカ本土空襲を狙った。どこに行くかはわからないが、落ちれば爆発して被害が出る、という無差別爆撃兵器である。推定千発がアメリカに到着したといわれるが、成果ははっきりしない。オレゴン州で六人が死亡したこと、ワシントン州で送電線が切断されたことは明らかになっている。気球は、和紙を蒟蒻糊で貼り合わせて作った。楮を原料とする薄くて丈夫な細川紙から「気球紙」が開発され、小川町、東秩父村とその周辺で生産が始まり、全国の和紙産地に拡大された。

越生町では昭和二〇年に生繭の共同乾燥施設である乾繭所の広間を利用して、兵器製造会社の中外化工品越生作業所が和紙を製造していた。建物は昭和四五年まで校舎として利用されていたが、その後解体されている。現在、「フーセン爆弾工場跡」の標識が建っている。

工場跡標識（越生町）

坂戸市内の製粉工場でも風船の原紙を造っていたことが最近明らかになった。

埼玉県平和資料館では、七分の一サイズではあるが風船爆弾の模型を見ることができる。

参考文献

埼玉歴史教育者協議会『知っていますか　埼玉と戦争』　一九九五

「家は風船爆弾工場だった」（毎日新聞二〇一四年八月八日）

寺田近雄『日本軍隊用語集　下』光人社二〇一〇

越生町ホームページ

九条の会さかどホームページ

小川町

高谷地下壕群

昭和二〇年五月二六日一一時、比企郡八和田村（現、小川町）前谷の工事現場で、地鎮祭が行われた。工事主体は燕部隊。第一航空軍の通称である。そして工事の内容は、吉祥寺にあった司令部の疎開先としての地下壕建設である。八和田国民学校（現、八和田小学校）には軍が進駐した。

比企地域はなだらかな丘陵が多く、東上線や八高線が通るなど交通の便もあったため、中島飛行機の吉見百穴付近に代表されるような地下施設が多く計画され、工事が始まっていた。用途としては、軍事施設か地下工場なのだろうが、資料に乏しいため不明な点は多い。昭和二〇年五月の埼玉県「横穴式防衛地下施設築造要綱」（『小川町の歴史　資料編七』三〇四）では工事箇所として次の二七地点が挙げられている。

一　松山町市ノ川（現、東松山市）　　二　大岡村大岡（現、東松山市）
三　宮前村羽尾（現、滑川町）　　四　唐子村石橋（現、東松山市）
五　唐子村神戸（現、東松山市）　　六　菅谷村根岸（現、嵐山町）
七　菅谷村平沢（現、嵐山町）　　八　七郷村吉田（現、嵐山町）

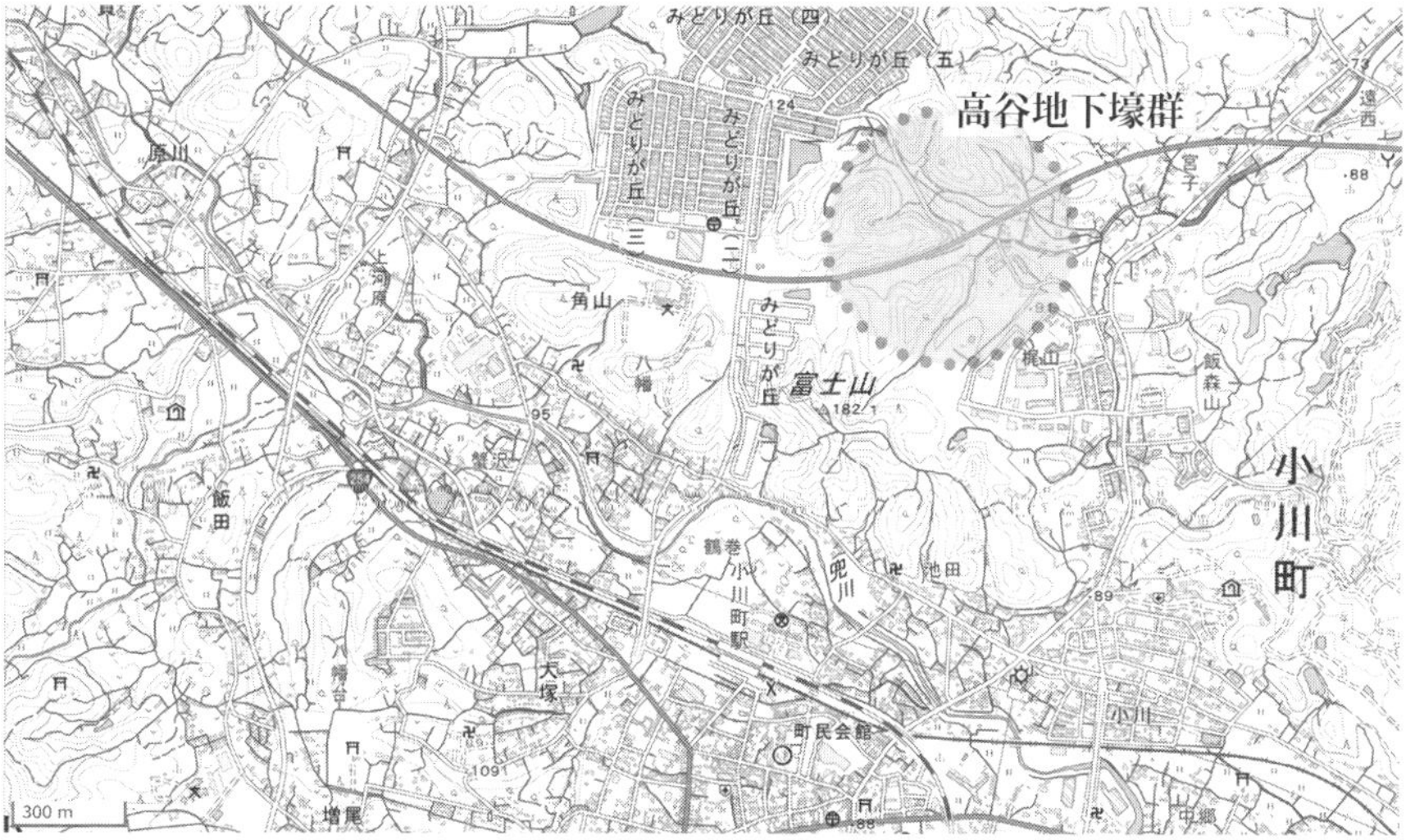

出典：国土地理院発行 2.5 万分 1 地形図

高谷地下壕群遠景

高谷地下壕群②

高谷地下壕群①

九　八和田村高谷（現、小川町）　一〇　八和田村中爪（現、小川町）
一一　小川町下小川（現、小川町）　一二　竹沢村靭負（現、小川町）
一三　大河村上古寺（現、小川町）　一四　大河村飯田（現、小川町）
一五　平村西平（現、ときがわ町）　一六　平村宿（現、ときがわ町）
一七　玉川村五明（現、ときがわ町）　一八　亀井村大橋（現、鳩山町）
一九　今宿村今宿（現、鳩山町）　二〇　高坂村西本宿（現、東松山市）
二一　野本村古凍（現、東松山市）　二二　西吉見村八反田（現、吉見町）
二三　西吉見村南吉見（現、吉見町）　二四　槻川村坂本（現、東秩父村）
二五　槻川村皆谷（現、東秩父村）　二六　大河原村御堂（現、東秩父村）
二七　大河原村帯沢（現、東秩父村）

その他、確認されている地下壕としては小川町内では池田・腰越・木呂子などがある。

その多くは現在では埋まっていたり、雑木に覆われて確認がしづらかったりするなど見学しづらい状況となっている。陥没の危険もあるだろう。高谷の地下壕については『小川町の歴史　通史編　下巻』に測量図が掲載されているが、すでにそのほとんどが破壊されたり、埋まったりするなど確認不能の状態になっている。唯一、道路脇の民家そばに開口部が認められる場所がある。「戦争遺跡データベース」によれば、測量図掲載以外でも確認できる地下壕があるようだ。

第一航空軍の司令部は、この高谷にとどまらず、七郷村（現、嵐山町）にも建設予定があり、池田の衛生資材貯蔵庫も含めると東西二・三km、南北三kmの範囲で計画されていたようだ。東京方面の空襲が盛んになると、完成前の地下壕には続々と物資が搬入されていた。工事には第一航空軍の工作部隊等があたったが、動員された朝鮮人も加わっていた。地元の人も加わっていた可能性がある。

参考文献

埼玉県立滑川高等学校郷土部『部報　比企第5号　本土決戦と幻の地下司令部』　一九八七

埼玉県朝鮮人強制連行真相調査団『朝鮮人強制連行調査の記録　埼玉編　中間報告』　一九九八

小川町『小川町の歴史　資料編七　近代・現代』　小川町　二〇〇一

小川町『小川町の歴史　通史編　下巻』　小川町　二〇〇三

戦争遺跡データベース（ホームページ）

吉見町

吉見地下軍需工場

古くから観光地として親しまれた吉見百穴。崖面に多くの穴が並ぶ光景が印象的である。古墳時代後期の横穴墓である。昭和三〇年代から四〇年代に生まれた方は、特撮番組で悪の組織の基地として登場したのを見たことがあるだろう。その劇中、洞窟の中として使われていたのが、この軍需工場の跡である。

吉見百穴

空襲によって武蔵野市にあった中島飛行機工場の武蔵工場が被害を受けた。大宮にあった工場もいずれは爆撃される可能性があり、エンジン製造部門の全施設の地下工場への移転が計画された。その移転先が、松山城跡から百穴を経て岩粉坂に至るまでの丘陵であった。横穴墓があるくらいなので、岩盤が掘削しやすいと思われたためである。平地の確保のため、市の川の直線化も進められた。工事開始がいつ頃だったかははっきりしない。

工事は吉松工事と呼ばれ、主に朝鮮人労働者があたった。その数は三千人から三千五百人とされる。また、地元からも動員されたようで

出典：国土地理院発行 2.5 万分 1 地形図

松山中学校『教務日誌』の昭和二〇年六月一八日の項には「本日ヨリ進学班約六十名百穴工事ニ出勤」との記述がある。

工事は「松山城跡下」「百穴下」「百穴の北側」「岩粉山近辺」の四工区があり、それぞれが独立していた。しかしながら、松山城跡一帯は百穴付近と違って地盤が固く、工事は難航。昭和二〇年七月に機械が搬入され、エンジン製作が始まったようだが、ほどなく終戦となった。どこでもそうだが、戦後になって関連の図面等は焼却処分されている。

百穴の入口を入ると右手に休憩所がある。そこには軍需工場の説明板があるほか、解説のビデオを視聴することもできる。吉見百穴として公開されている部分には六箇所の横穴が開口していて、そのうち三箇所には入ることができる（二〇二一年末時点で崩落の危険性ありとして立ち入り禁止）。

しばらく進むと、各横穴から進んだトンネルを結んで

地下軍需工場跡入り口①

地下軍需工場跡入り口①

内部の様子②

内部の様子①

横穴と出口

奥への立入禁止

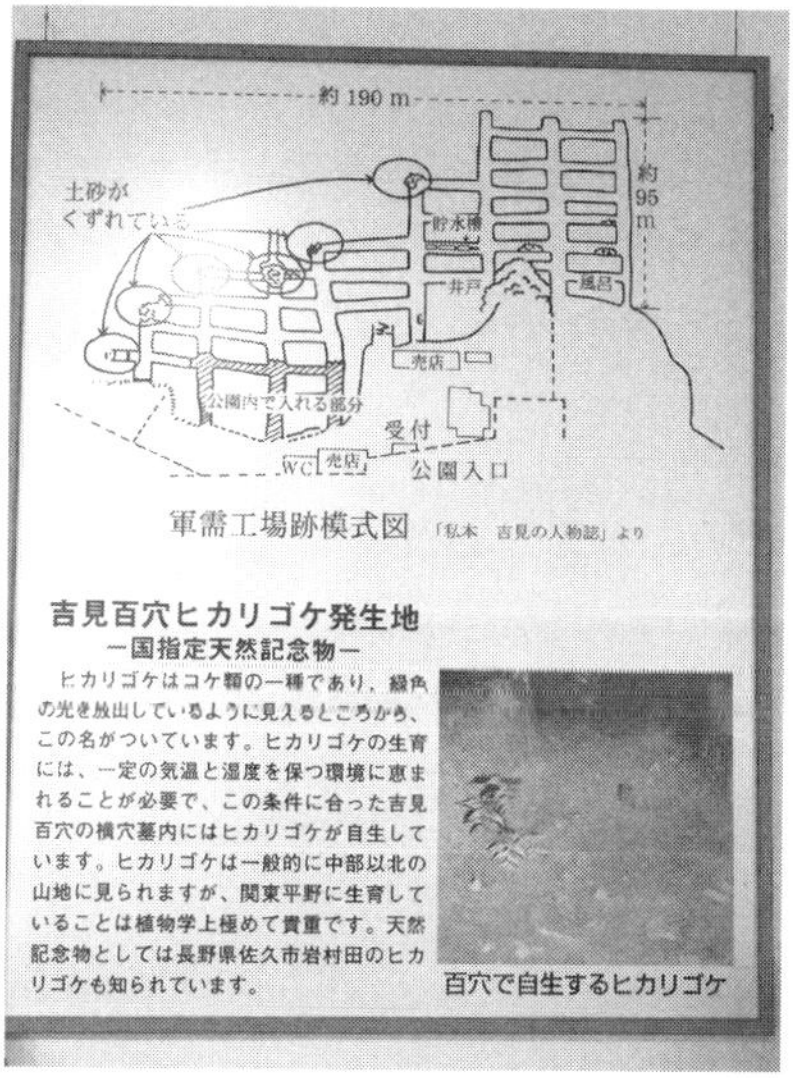
約190 m
約95 m
土砂が
くずれている
貯水槽
井戸
風呂
売店
公園内で入れる部分
受付
WC
売店
公園入口
軍需工場跡模式図 「私本 吉見の人物誌」より
吉見百穴ヒカリゴケ発生地
ー国指定天然記念物ー
ヒカリゴケはコケ類の一種であり、緑色の光を放出しているように見えるところから、この名がついています。ヒカリゴケの生育には、一定の気温と湿度を保つ環境に恵まれることが必要で、この条件に合った吉見百穴の横穴墓内にはヒカリゴケが自生しています。ヒカリゴケは一般的に中部以北の山地に見られますが、関東平野に生育していることは植物学上極めて貴重です。天然記念物としては長野県佐久市岩村田のヒカリゴケも知られています。
百穴で自生するヒカリゴケ

展示されている地下工場の模式図

横穴が設けられている。見学できるのはここまでである。内部には井戸や貯水槽もあるようだが、非公開である。また、土砂が崩れている場所もあるようだ。

　工事に従事した最後の朝鮮人とされる人の帰国に際し、日本と朝鮮との平和を祈念して植えられたムクゲは現在でも健在で、脇に「日朝平和友好親善植樹一九七六年八月二十二日」の札が建っている。

　百穴から外に出て北に向かう細い道を行くと、柵を通してであるが、非公開の横穴数か所を見ることができる。

　松山城跡下では、岩窟ホテル付近や、岩室観音から西に進んで百穴に向かう道が分かれるあたりにも横穴を見ることができる。城内には陥没した跡（井戸跡と誤認されることもある）も見られる。

参考文献
東松山市『東松山市史資料編第四巻近・現代編』（一九八四）
長沢士朗「群像がかたる吉見地下軍事工場」（「広報よしみ」一九九二年五月号～一九九三年八月号）

非公開の横穴①

非公開の横穴③（松山城跡下）

非公開の横穴②

◆◇学童疎開◇◆

戦局の悪化、空襲の開始により、昭和一九年八月から東京都区部の国民学校三年生から六年生の学童を対象とした集団疎開が始まった。疎開先は、旅館や神社もあるが、寺院が圧倒的に多かった。両親と離れ、なじみのない土地で生活することは、学童にとっては大変つらいことであったにちがいない。熊谷市の東竹院や超願寺のように、空襲で被害を受けた場所もあった（疎開していた学童は被害なし）。戦争が終結しても、すぐに帰宅できたわけではない。特に日本橋区の東部は空襲で相当な被害を受けていたので、帰ろうにも帰れなかった面もある。最終的に埼玉での集団疎開が終了したのは昭和二一年三月であった。

疎開先の中には、当時学童が使用していた机や道具類、習字や絵などを残しているところもあるが、基本的には普段は公開されていない。現在訪れても、過去に疎開場所だったことを知ることすらできない場所がほとんどである。

熊谷市上之の龍淵寺には平成一九年に建てられた疎開の記念碑がある。表面には「恒久平和祈念　学童集団疎開之碑　東京都京華国民学校　その名も高き　龍渕の　古松聳ゆる　学舎の　庭につどひしはらからは　勇みに勇む　百余名」、裏面には「昭和十九年八月二十七日龍淵寺に入寮　昭和二十一年三月十日全員第二の故郷熊谷を巣立つ」と刻まれている。新しいものではあるが、学童疎開のあったことを後世に伝える貴重なものである。

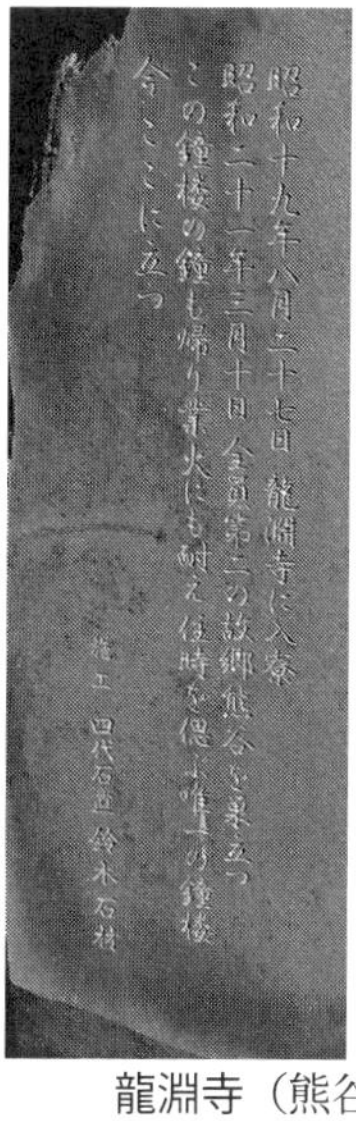

龍淵寺（熊谷市上之）の疎開記念碑

コラム

桶川市加納の光照寺には日本橋区久松国民学校の児童が疎開していた。昭和三〇年、その後身である中央区久松小学校の昭和二一年卒業生による「ひかり会」が、愛情をもって接してくれた住職夫妻の顕彰碑を境内に建てている。

参考文献

桶川市『桶川市史　第一巻　通史編』　一九九〇
埼玉県平和資料館『学舎の子どもたち』　一九九四
熊谷空襲を忘れない市民の会『最後の空襲　熊谷』　社会評論社　二〇二〇

光照寺（桶川市加納）の顕彰碑

杉戸町

江戸川耐重橋

本土決戦が現実の問題となる中、昭和二〇年五月四日、陸軍第三六軍は、鹿島灘・九十九里浜・相模湾の三方面への機動路整備を各兵団に命令した。その中に、川に橋を架ける計画があった。兵器や弾薬を移動させるため、戦車やトラックが渡れる橋が必要だったのだ。第三六軍（通称号「富士」兵団）は、前年に編成された「決勝兵団」で、関東軍から引き抜いた戦車師団を擁する精鋭部隊であった。機動路整備は「富士「リ号」演習」と呼ばれ、本土決戦の準備であることは伏せられた。参加部隊の一つ第九三師団は、「宝珠花附近及流山附近ニ於ケル江戸川耐重橋各一本ノ架設」が命ぜられた。橋と取り付け道路の建設のため、第九三師団の隷下部隊数十名が宝珠花国民学校（現、春日部市）に滞在していた。

江戸川耐重橋は木造で、架橋位置は豊岡村（現、杉戸町）鷲巣地先と二川村（現、野田市）柏寺地先であった。工事は兵隊や勤労奉仕によって行われた。結果的に橋脚部分は完成したものの、踏み板は敷設されず（一部されたとも）、未完成に終わった。

耐重橋は現在でも橋脚を残しているが、埼玉県側からのアプローチは困難である。江戸川の河川敷は一部がグランドになっているが、野球グランドから南に向かってしばらく歩いた場所にある。特に目印はないし、樹木も茂っていて夏場はおそらく近づけないだろう。対岸の千葉側にはボート（釣り船？）が置いてあったり、釣り人がいたりするので、こちらからの方が行きやすいと思う。

江戸川に残る橋桁

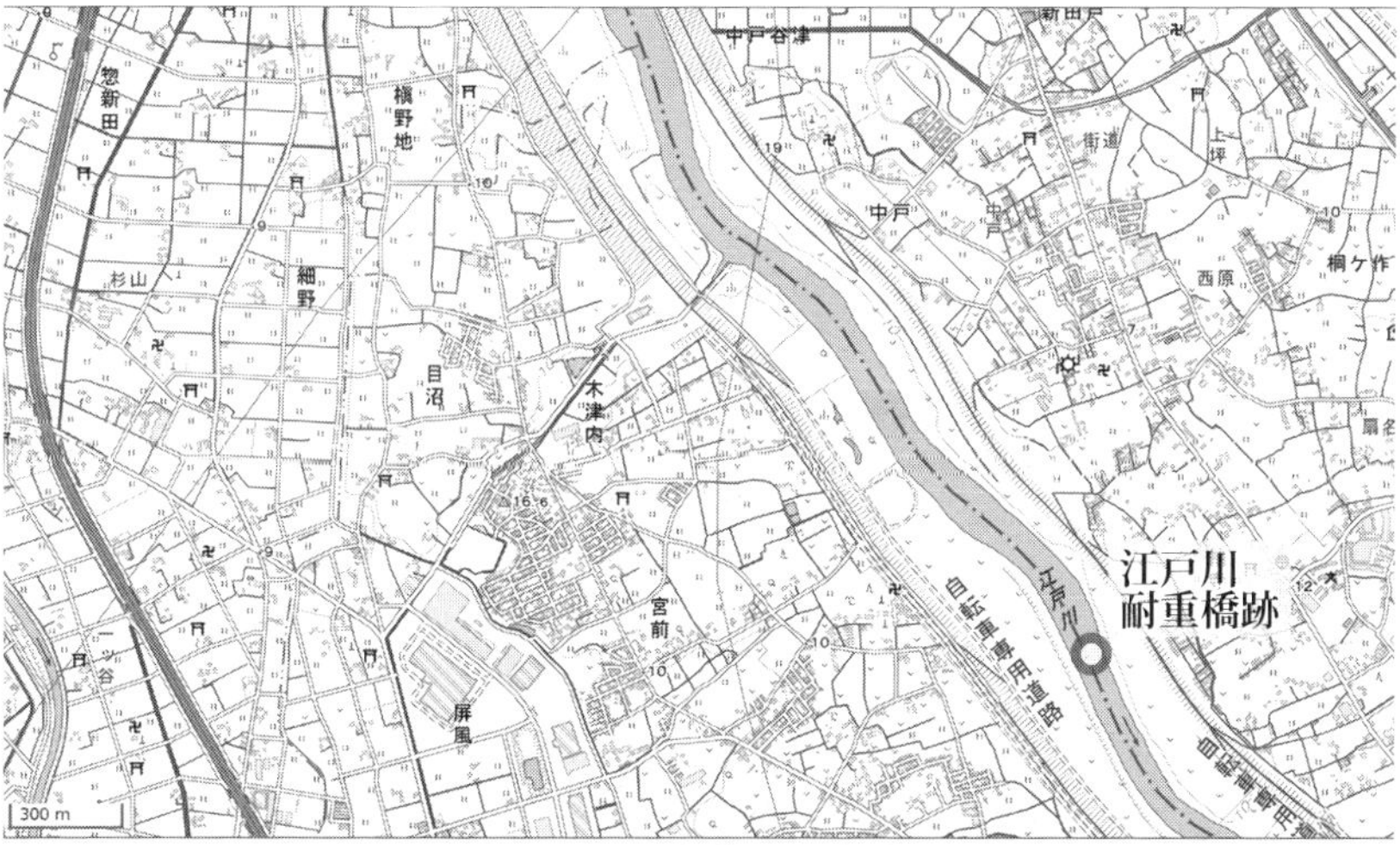

出典：国土地理院発行 2.5 万分 1 地形図

参考文献

埼玉歴史教育者協議会『知っていますか　埼玉と戦争』　一九九五

春日部市史編さん委員会『春日部市史　庄和地域　近代・現代』　春日部市　二〇一三

熊谷市

常光院の梵鐘

戦争が長期化する中、物資、特に武器・弾薬の材料となる金属類の不足が深刻になってきた。既に昭和一三年頃から金属製品を別の素材により代用することが始まっていて、湯たんぽ・行火・ガスコンロなどは陶磁器が代用された。陶磁器には作られた窯元がわかる統制番号が施されていた。昭和一六年、ついに金属回収令が公布され、寺院の梵鐘、学校や公園等の銅像、さらには家庭の鍋に至るまで、金属類が集められた。寺院の関係者が、供出前の、荷車に乗せられたりした梵鐘の前で撮影した集合写真が多く残っている。

熊谷市上中条の常光院も、昭和一八年に梵鐘を供出した。戦争が終わってもその鐘は戻って来なかった。軍の工場に向かう前の金属集積場が現在の東京都江東区付近にあるとの情報を得た寺は、そこから梵鐘を選び、寺に運んだ。由来はよくわからなくなっていたが、近年熊谷市の調査により、「武州江府西本理山自證寺」と刻まれているのが確認出来た。「自證寺」とは、現在東京都新宿区富久町にある自證院で、東京大空襲により本堂などが全焼、その後再建されたが鐘楼は再建されなかった。

供出されていった多くの梵鐘等の金属製品。長安寺（上里町）の半鐘・慈光寺（ときがわ町）の半鐘のように帰還したものもあるが、ほとんどは元の場所には戻っていない。しかし、調査を進めていけばこのようにどこかで保存されている可能性があるのではないか。

　熊谷市太井の福聚院の梵鐘も、供出したが軍事転用を逃れた高崎市の寺のものを購入したものである。

常光院（熊谷市上中条）

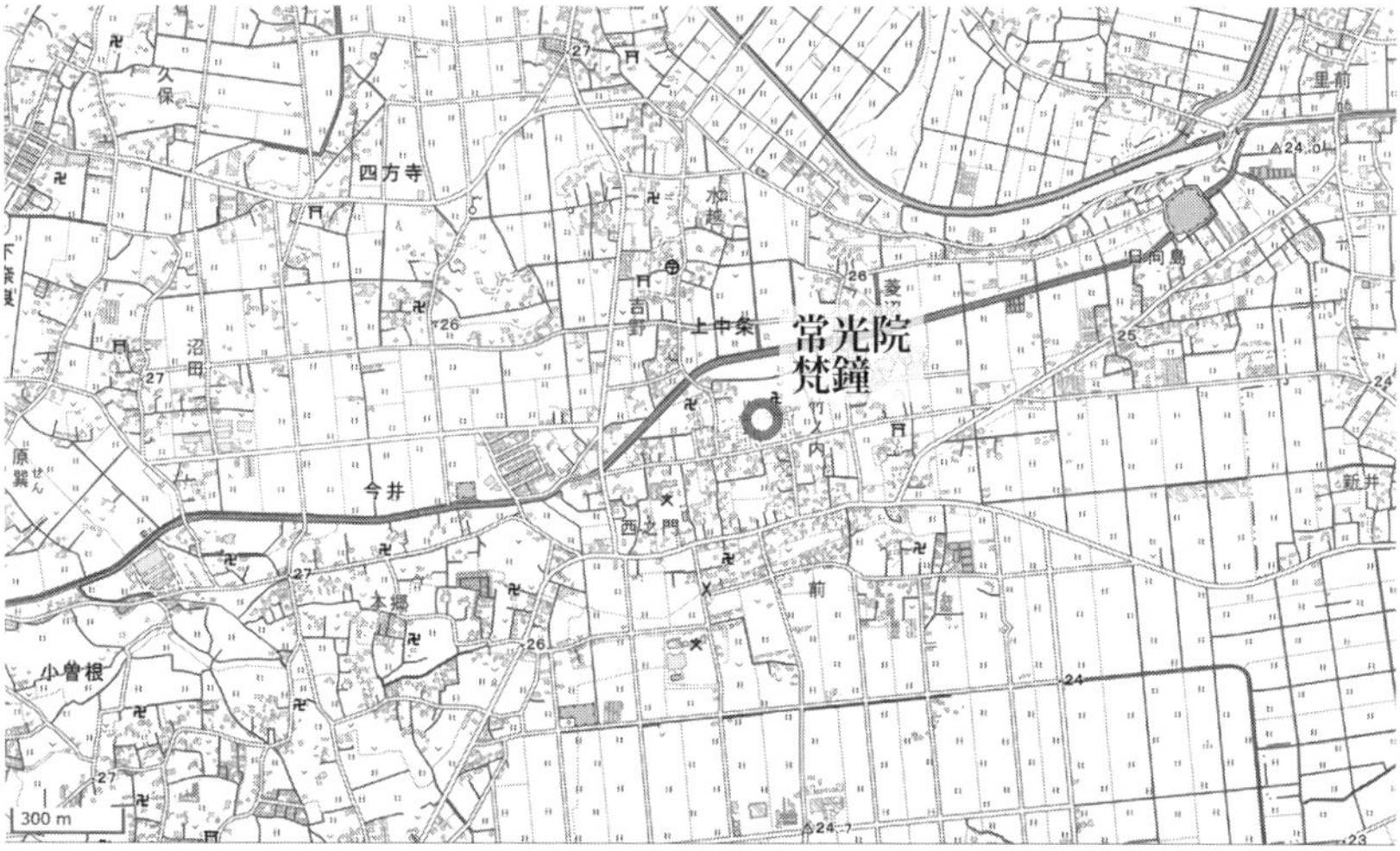

出典：国土地理院発行 2.5 万分 1 地形図

参考文献

埼玉県平和資料館『戦争で失われた文化財』　一九九四

熊谷空襲を忘れない市民の会『最後の空襲　熊谷』　社会評論社　二〇二〇

「歴史の継承に意義」（毎日新聞　二〇二〇年七月二五日）

山下祐樹・学校法人ものつくり大学 横山晋一研究室「埼玉県熊谷市上中条・天台宗常光院における梵鐘に関する調査報告」　熊谷デジタルミュージアム　二〇二〇

川口市

B29搭乗員慰霊碑

空襲というと、どうしても被害者に目が行きがちだが、攻撃する側の戦闘機も高射砲の攻撃等により墜落、搭乗員が死亡した例がある。

川口市安行吉蔵の住宅地の一角、墓地脇に小さな祠がある。ここはかつて安行吉蔵八幡神社があったが、合祀された。「村社八幡社舊趾」の碑と近世の石造物数点が残っている。

そのわきに「祈冥福」と刻まれた碑がある。その下には「昭和廿年五月廿六日午前一時頃、片翼の一部を失いたるB29一機、浦和の方面より飛来し、草加方面に逃避せしも再び旋回し来たり。この地に墜落し全搭乗員戦死す。遺躰を住民の人類愛により火葬とし、終戦後進駐米軍に引渡しを了せり。残骸は政府整理せしも、墜落地一千坪は荒野と化したり。然るを土地所有者巨費を投じて美田に復元せり。終戦十周年を迎ふるに際し、碑を建て後昆に傳ふ。（句読点は引用者が補う）」と刻まれている。

なお、「全搭乗員死亡」となっているが、POW研究会「本土空襲の墜落米軍機と捕虜飛行士」によれば、「飛行機は、対空砲火を受けて東京方面から炎に包まれて飛来して安行村の吉蔵新田

境内に残る石造物
左端のものが搭乗員慰霊碑

安行吉蔵八幡神社（川口市安行吉蔵）

B29 搭乗員慰霊碑

に墜落、三日間燃え続けた。六人が墜落死し、安行村原の密蔵院墓地に埋葬。（中略）下記の五人がパラシュート降下して捕虜になり、東京憲兵隊へ送られた。」とあり、やや異なる。なお、生存者のうち一名は重傷を負っており、治療の見込みなしとして東京憲兵隊で毒殺された。他の四人は戦後米国へ帰還した。

ほかに県内では、昭和二〇年三月一〇日に川口市青木町二丁目、江戸袋、芝川公園に、四月一三から一四日に川口市原町の双葉工業の西側に、四月二四日に高階村（現、川越市）寺尾に、安行吉蔵と同時期に彦成村（現、三郷市）の田んぼに、七月一〇日に本畠村（現、深谷市）に、七月二八日に河合村（現、さいたま市）平林寺に墜落が確認されている。

B29 搭乗員慰霊碑の脇にある「奉納」台石

慰霊碑の脇には「奉納」と刻まれた台石があり、二つの円形の窪みがある。かつてここに砲弾が置かれていたが、現在は見られない。

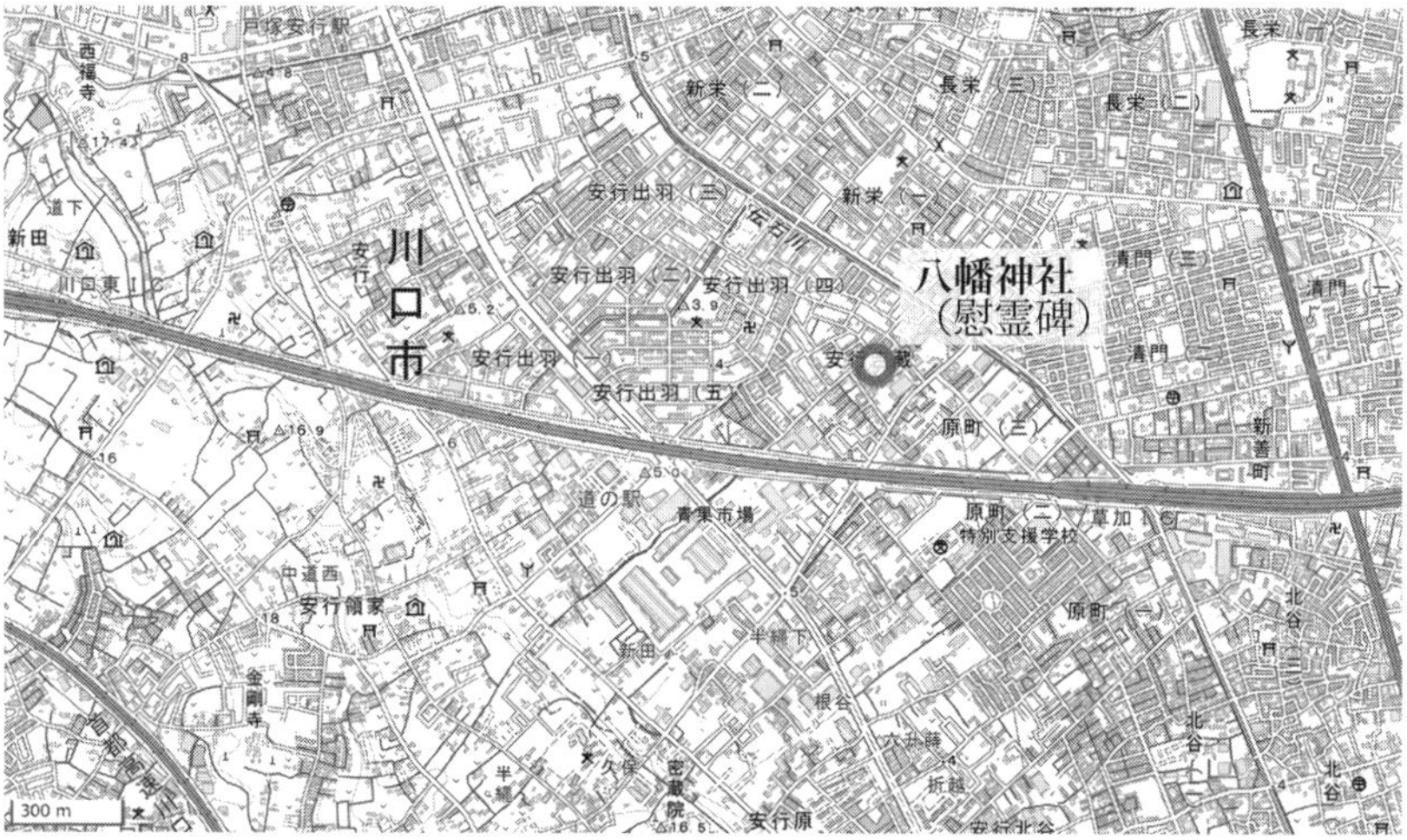

出典：国土地理院発行 2.5 万分 1 地形図

参考文献

関原正裕「墜落したB29搭乗員の慰霊碑」　埼玉県労働組合連合会（埼労連）ホームページ

「近代史跡・戦跡紀行～慰霊巡拝」（ホームページ）

「帝國陸海軍現存兵器一覧」（ホームページ）

ＰＯＷ研究会ホームページ

コラム

◆◇防空壕◇◆

空襲の際、避難するために地下に造られた施設をいう。ただし、低地で湧水の出る戸田では、地上盛上げ式のものが多かったという。公共の物、個人の物があり、果たしてどのくらい造られたのか把握は難しい。熊谷市弥生町で防空壕をつくる人々の写真が残っている。簡易なものが多かったため、必ずしも安全というわけではなかった。爆発により破壊され、生き埋めになったり、炎の中で蒸し焼き状態になったりすることもあった。昭和二〇年三月四日には、現在の戸田橋（戸田市）近くに落ちた爆弾の爆発によって防空壕が崩れ、母子六名が生き埋めになり、死亡している。

防空壕の多くは戦後埋められ、残っているものも落盤の危険などから保存が困難なものも多い。筆者が小学生の時、クラスメート数人が防空壕に入って当時の物を拾い、見せていたことがあったのを記憶している。

熊谷市宮町に残っていた個人宅の防空壕は、家屋の中の階段下を利用したものであった。中は幅二m、奥行き四m、高さ一・五mほどで、壁はモルタル製、天井は木の梁の上をセメントブロックで覆っていた。

近年では、発掘調査中に見つかり、現場説明会で公開されることも増えている。また、工事の最中に偶然見つかることもある。令和元年八月には、さいたま市浦和区常盤二丁目の住宅街で住宅の解体工事中に防空壕が見つかった。壁にはろうそくを灯したとみられる煤が付き、空気穴らしき穴もあった。

埼玉県内では現時点で見学可能なものはないと思われるが、埼玉県平和資料館内に防空壕が再現されていて、音や振動などにより空襲時の疑似体験をすることができる。

参考文献

戸田市『戸田市史　通史編下』　一九八七
「朽ちかけた防空ごう」（朝日新聞　一九九一年八月一一日）
埼玉県平和資料館『首都圏の空襲』　一九九五
「浦和にも空襲」（埼玉新聞記事　二〇一九年八月一一日　ホームページより）

深谷市

上武大橋

空からの攻撃、というと空襲ということになるのだが、爆弾投下とともに行われていたのが航空機からの機銃掃射である。一度に大量の人を殺傷できるわけではないが、頻繁に行われたこともあって、かなりの被害者が出ている。

深谷市と伊勢崎市にまたがる上武大橋は、昭和九年竣工、全長八九五・〇m、幅五・五mの規模であった。太田市の国民学校一年だった武田昭一氏は、昭和二〇年夏、米軍機が橋を銃撃するのを目撃した。その後平成になって、七ケ所の弾痕を確認した。『深谷市史追補編』では、七月一〇日に関東北部を爆撃したグラマン機数機が上武大橋上空から機銃掃射を行ったが、負傷者は出なかったと記載しているので、その時のことだろうか。橋は老朽化のため新造されることになったが、深谷市民・伊勢崎市民が「上武大橋を語り継ぐ会」を結成、保存運動の広がりにより、弾痕の残るトラス桁の部材の一部と親柱が、深谷市側においてモニュメントとして保存された。保存に際して、地元小学生によるリペイントが行われている。

現状では、弾痕は二か所残っているというが、筆者は一か所しか確認できなかった。橋の親柱は群馬県側にも残っているが、橋名のプレートは外されていて、いずれ消滅してしまうかもしれ

トラス桁に弾痕が見られる

上武大橋

保存されるトラス桁

▶上武大橋（左：旧上武大橋側道橋、中央：旧上武大橋、右：現在の上武大橋）　平成30年（2018年）4月撮影
利根川架橋の歴史
■中瀬の渡し、平塚の渡し
利根川を挟む武州中瀬と上州平塚は、江戸と越後を結ぶ北越街道（現在の伊勢崎深谷線）として渡船場「中瀬の渡し」「平塚の渡し」で繋がっていました。また、江戸時代には水運の拠点として利根川を帆かけ船で運搬、陸揚げして陸路で各方面に荷物を運ぶなど河岸場として栄えました。慶長12年（1607年）

旧上武大橋の様子（説明看板より）

伊勢崎市側の親柱

現在の上武大橋

出典：国土地理院発行 2.5 万分 1 地形図

ない。近くに自家用車を駐車できるスペースはないので、自家用車利用の場合は伊勢崎市側の平塚公園の駐車場に置いて歩くのが無難かもしれない。

なお、昭和二〇年八月一四日深夜、熊谷を空襲した編隊の一部と思われるB29が橋の南側の中瀬村（現、深谷市）に焼夷弾を投下、死者二名・重傷者三名・一三戸罹災という被害が出ている。

参考文献

深谷市史編さん会『深谷市史追補編』　深谷市役所　一九八〇

「戦争の記憶・記録」（「広報ふかや」二〇一一年八月号）

「上武大橋に米軍の弾痕？」（毎日新聞　二〇一七年八月八日）

「戦争の実物後世に」（毎日新聞　二〇一九年一月七日）

「弾痕橋桁、保存決まる」（毎日新聞　二〇一九年一月二三日）

狭山市

笹井空襲

空襲は人家を焼き尽くし、多くの人命を奪った。しかし、空襲の被害を「直接」伝えるものは、必ずしも多くない。残された焼け跡はその後撤去され、新しい建物が建てられるなどして消滅していったからである。空襲を伝えるものとしては、どうしても後世に建てられた慰霊碑・記念碑によることが多くなってしまう。ただ、焼け残り、痕跡を伝えるものもある。

狭山市の笹井（当時は水富村）は、昭和二〇年五月二六日午前〇時三〇分頃、空襲を受けた。その晩、東京は大空襲に見舞われ、多くの犠牲者を出している。そのうちの一機が笹井から豊岡町（現、入間市）黒須にかけて焼夷弾を落とした。笹井は笹井ダムあたりから白鬚神社の北側あたりまで、川の対岸の黒須は繁田醤油第二工場が焼失した。笹井にあった防空監視哨も焼失している。結果、笹井では。死者一三名、負傷者一〇名（重症二名）、罹災者六九家族三四六名、家屋八三棟焼失という状況となった。白鬚神社も、拝殿と社務所が焼失している。

現在、白鬚神社を訪ねると、鳥居前に「笹井戦災の跡地」と記した標柱が立っている。脇には説明板があるが、これは神社に伝わる「笹井豊年足踊り」（狭山市指定無形文化財）のもので、特に空襲については触れていない。正面に戦後再建された拝殿があり、その裏に本殿がある。本殿は塀に囲まれ、本殿前にかつては祝詞を奏上した場所である奏上門（神門）がある。その破風は空襲によって焼けただれている。空襲の時、神社の消火を行う余裕はなかったと思われるので、偶然ここで火が止まったのだろう。奇跡としか言いようがない。

狭山市立博物館では、関連する展示を見ることができる。

白鬚神社拝殿

笹井戦災跡地の標柱

狭山市は二〇数回にわたって空襲を受けている。そのほとんどは陸軍航空士官学校（現、航空自衛隊入間基地）を狙ったものである。笹井の空襲も、陸軍航空士官学校を狙ったのではないかとの説があるが真相はわからない。昭和二〇年七月一〇日には入間国民学校が爆撃され、校長が殉職している。

破風に焼け跡が残る白鬚神社の奏上門

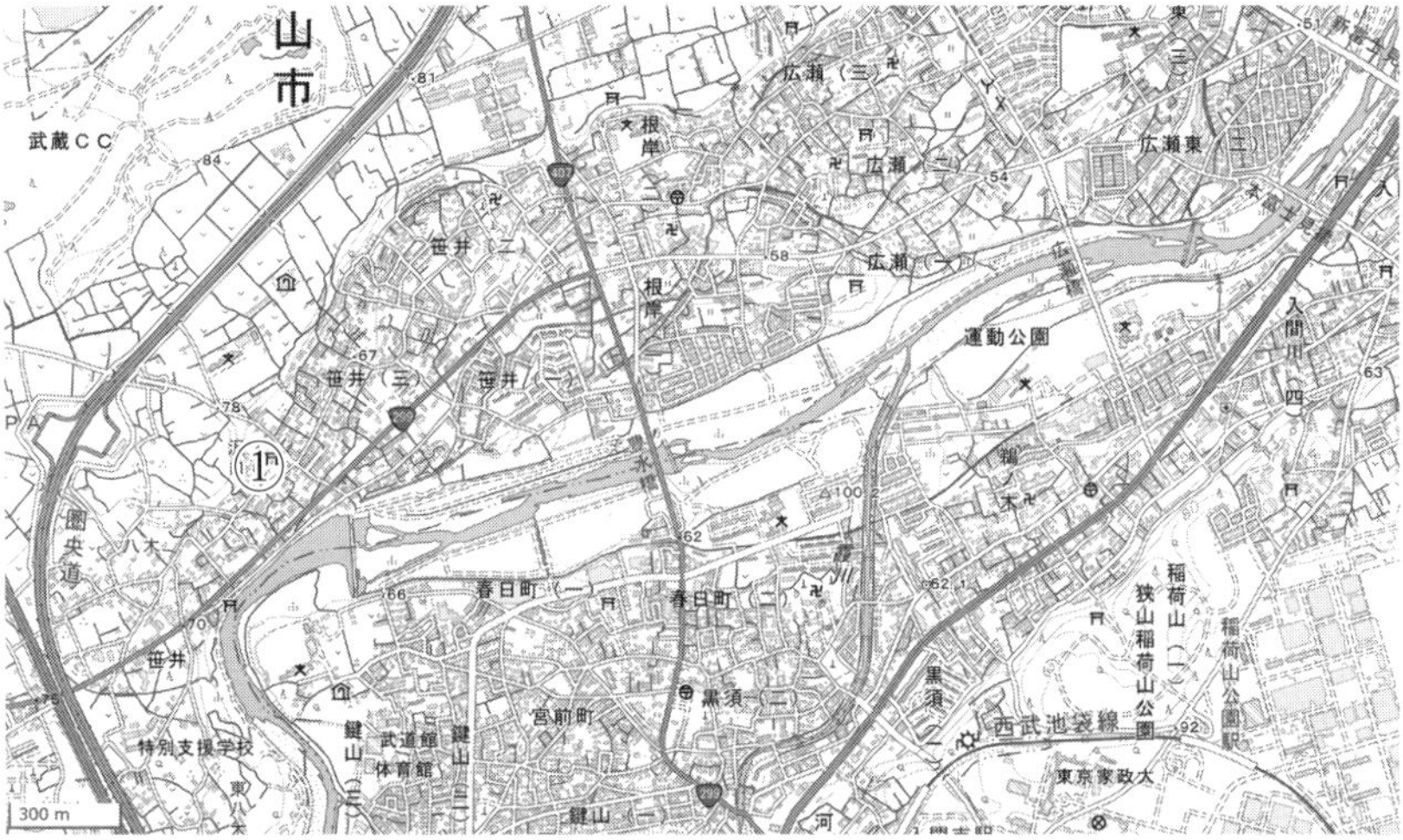

【笹井空襲跡地図】
①白鬚神社　　出典：国土地理院発行 2.5 万分 1 地形図

参考文献

今坂柳二『覚書★狭山戦災史』　つばさの会　一九七五

埼玉県神社庁神社調査団『埼玉の神社　入間　北埼玉　秩父』　埼玉県神社庁　一九八六

狭山市『戦争体験記』　一九九〇

今坂柳二編『市民集会・狭山戦災の頃をしのぶ夕べ・全記録』　一九九五

狭山市シニア・コミュニティ・カレッジ　ジャーナル学科　第四期生　第三班　『孫に語る　狭山の空襲』　二〇〇五

今坂柳二監修・佐藤隆夫編『少年少女のための狭山戦災体験集』　二〇〇六

熊谷市

熊谷空襲

昭和二〇年八月一四日午後一一時三〇分頃（米軍の報告書では一五日の零時過ぎ）、約八〇機のＢ29が熊谷市街地に焼夷弾を落とした。全国でも二番目に高い密度で焼夷弾が落とされた、熊谷空襲である。

市街の七四％（三五万八千坪　一一八万㎡）焼失、死者二六六人、負傷者三千人、罹災者約一五三九〇人、被災戸数三六三〇戸（全戸数の四〇％）。人家はもちろん市役所をはじめ多くの公共建物が焼失した。埼玉県下では最大級の、そして最後の空襲であった。人々は火を避けるため星川をめざしたが、ここも安全ではなく、結果的に多くの人命が失われた。

空襲被害を受けた熊谷市街〔石原地区〕近藤油屋倉庫の壁
（佐藤虹二氏『熊谷のあゆみ』より）

空襲の目的については、『最後の空襲　熊谷』では、①戦闘機を制作する軍需工場、中島飛行機会社の下請け工場があり、熊谷高等女学校内に軍需工場だった理研の学校工場が設置されていたことから、これらが空襲対象となった（ただし、戦闘機の部品を作っていた熊谷航空工業株式会社は空襲を受けていない）。

②大都市に壊滅的なダメージを与えていたので、中小都市を爆撃することにより終戦に導こうとした。また、第二〇航空隊の任務完了を飾るフィナーレでもあった。

③県庁所在地と間違えた。

④「戦後」の占領政策を見据えた空襲。駅・鉄道・熊谷陸軍飛行学校（終戦後、アメリカ陸軍が駐留）などは被害を受けていない。

熊谷駅北側を流れる星川

といった四説を掲示し、①②を主な要因と考えている。この日は太田市の中島飛行機工場など群馬県南部の都市も空襲を受けている。空襲の前には熊谷空襲を暗示する伝単（宣伝ビラ）が撒かれていた。

昭和五〇年八月一六日に、星川のほとりに、戦没者の慰霊と平和を祈るため、戦災者慰霊の女神像（北村西望作）が建てられた。台座には昭和五〇年五月調べの死者二六六人の氏名が刻まれている。星川沿いは、現在「熊谷市シンボルロード　星川通り　水と鯉と祭と彫刻のみち」として整備されている。また毎年八月一六日には戦災者慰霊のための灯篭流しが行われている。

戦災者慰霊の女神像（北村西望作）と
台座に刻まれた戦災死没者名

女神像下にある
北村西望のサイン

熊谷中央公園のケヤキ

中家堂駐車場の石灯籠

石上寺のケヤキ

星川通突き当り西側の石上寺には、焼け残ったケヤキの木がある。一部、焼けた跡が見られる。特に説明板はない。また、顔が焼けた弘法大師像も残っている。

中家堂の駐車場には、焼け残った石燈籠がある。明治中期に造られたものだが、空襲で倒れ、戦後に中台と棹を新しく作って再建した。宝珠と笠に焼け焦げた跡が見られる。

熊谷中央公園には戦災で焼け残ったケヤキ八本が移植されている。ここも説明板がないのは残念である。

熊谷女子高等学校の焼け残ったレンガ造りの校門は、北門として移築・現存している。

焼失した戸出の金錫寺には、昭和四四年に建てられた平和観音がある。

平戸の超願寺も焼失しているが、本堂建

設記念之碑には「昭和二十年八月十四日夜半大東亜戦争による米空軍機の爆撃をうけ本堂庫裡とともに焼失」と刻まれている。当時、東京京橋区（現中央区）京華国民学校の学童が疎開していたが、被害はなかった。

熊谷女子高等学校
レンガ造りの校門

金錫寺の平和観音

超願寺の本堂建設記念之碑

この日は日本がポツダム宣言の受諾を連合国に通告した日である。受諾は深夜となったため、空襲の通知命令が間に合わなかったのだろうか。翌日の正午には玉音放送が流れ、戦争が終結する。もう少し早くポツダム宣言の受諾を通告していたら、悲劇は避けられたはずである。朝日新聞記者が空襲に参加した元米兵に聞き取りをしたところ、大半の兵士はこれ以上の攻撃は必要ないと考えていたようで、戦争終結が確認されればすぐに引き返すことになっていたが、結局その連絡はなかったという。

熊谷市立熊谷図書館美術・郷土資料展示室、熊谷市スポーツ・文化村「くまぴあ」の平和資料展示室では、空襲に関する展示を見ることができる。また、埼玉県平和資料館では、アニメーション映画「最後の空襲くまがや」を見ることができる。

参考文献

熊谷市文化連合『市民のつづる　熊谷戦災の記録』　一九七五
「敵でも殺したくなかった」（朝日新聞　一九九一年八月一四日）
熊谷市立図書館美術、郷土係『熊谷空襲の戦禍を訪ねて』　熊谷市立図書館　一九九五
熊谷市立図書館美術、郷土係『戦前・戦中・戦後の熊谷の様子』　熊谷市立図書館　一九九六
熊谷市立図書館美術、郷土係『熊谷空襲の記録と回想』　熊谷市立図書館　二〇〇五
熊谷空襲を忘れない市民の会『最後の空襲　熊谷』　社会評論社　二〇二〇

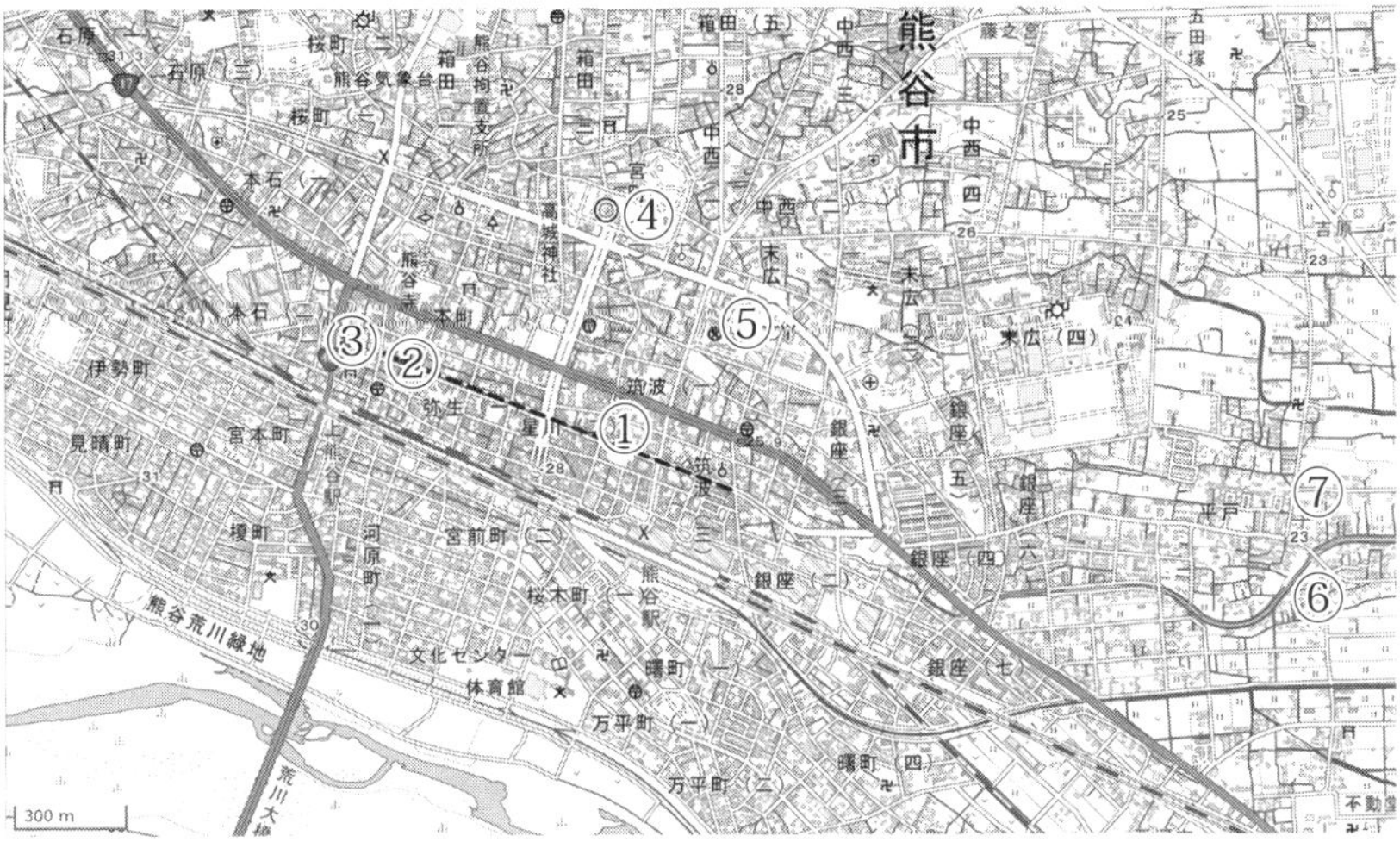

【熊谷空襲関連地図】
①星川（点線）　②戦災慰霊の女神像　③焼け残ったケヤキ（石上寺）
④焼け残ったケヤキ八本（熊谷中央公園）
⑤焼け残ったレンガ造りの校門（熊谷女子高等学校）
⑥金錫寺　⑦超願寺　出典：国土地理院発行 2.5 万分 1 地形図

さいたま市

埼玉縣護國神社

埼玉縣護國神社は、鳥羽伏見の戦い以降、「國事に殉じた埼玉県関係の英霊五万一千余柱」（案内板の記述）を祀った神社である。そのため、戦争に関わる記念碑等がいくつか存在するので紹介する。

埼玉縣護國神社

社殿に向かって右手に、埼玉県特攻勇士之像・特攻勇士顕彰碑がある。平成二五年に建立された。埼玉県出身の特攻で亡くなられた百二名の氏名が刻まれている。

向かって左手には戦後七〇年を迎えた平成二七年に建立された出征兵士之像がある。出征する若い兵士が女の子に別れを告げている。脇には日露戦争の時に戦艦にあった砲弾が置かれている。

道路沿いには昭和五三年建立の埼玉県傷痍軍人の塔がある。筆者が子供だった頃は、街角で音楽を奏でる傷痍軍人の姿がよ

埼玉県特攻勇士之像と特攻勇士顕彰碑

日露戦争時の砲弾

出征兵士之像

遺品展示館

埼玉県傷痍軍人の塔

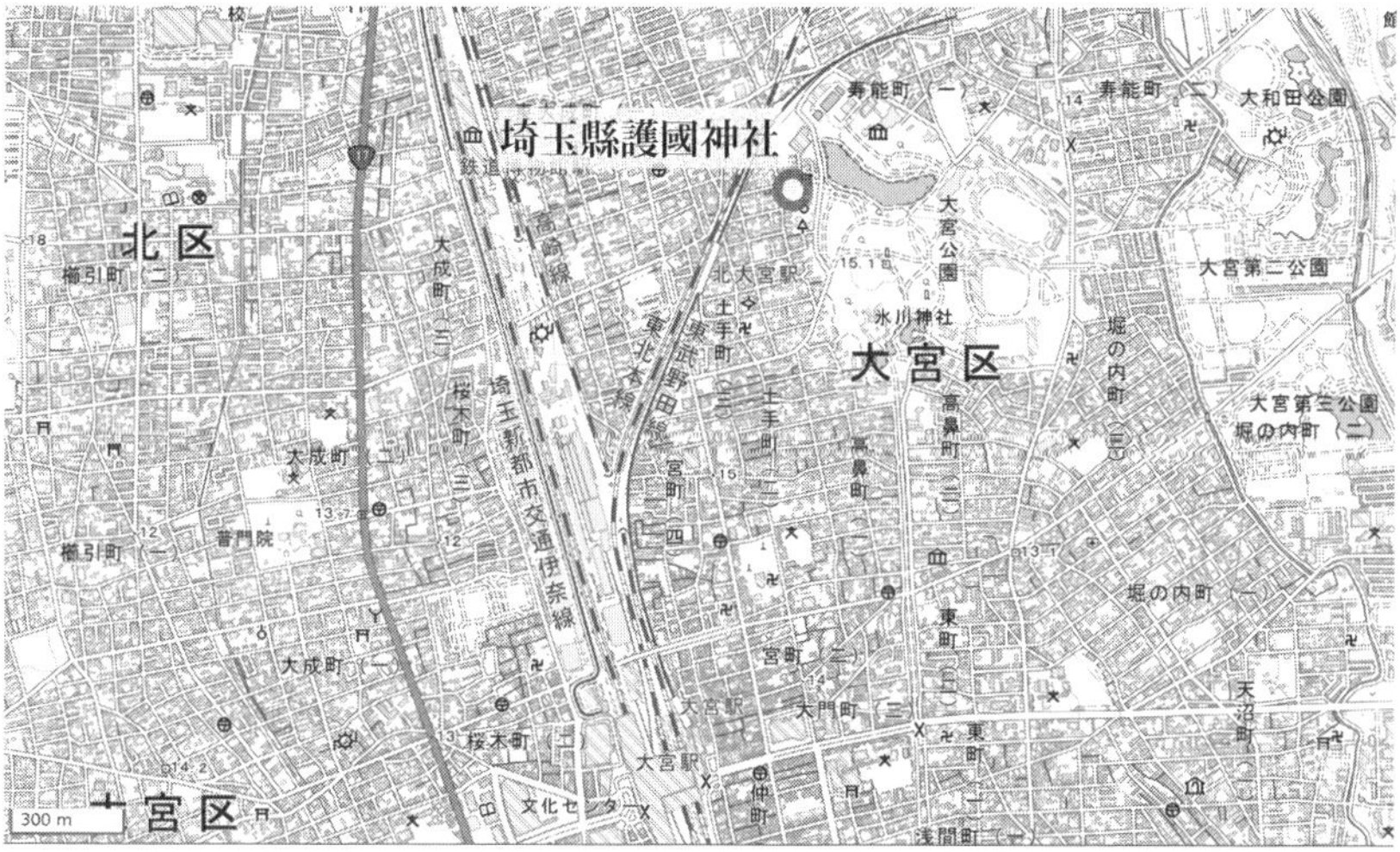

出典：国土地理院発行 2.5 万分 1 地形図

く見られた。

遺品展示館もあるが、筆者探訪時はコロナの影響で閉館していた。

参考文献

埼玉県神道青年会『埼玉県の忠魂碑』　埼玉新聞社
二〇一七

越生町

世界無名戦士之墓

越生町越生の大観山山頂にある。昭和三〇年に完成した第二次世界大戦で亡くなった将兵を追悼する施設である。世界無名戦士之霊をはじめ、世界民族の霊、萬國萬霊、ビルマ戦没霊、フィリピン戦没霊、埼玉県戦士之霊、東京都無名戦士之霊、神奈川県無名戦士の霊、石川縣戦士之霊、越生町戦没者之霊などの位牌、英霊名簿などが納められている。戦争遺跡とは言い難いが、戦争を知ることのできる施設ではある。

大観山と世界無名戦士之墓遠望

名所としてハイキングコースにも組み込まれているし、山の中腹までは自動車の通行できる道があって、駐車場もあるのでアクセスは容易である。駐車場から階段を登ると、左手に軍馬、農耕馬、競走馬などの馬たちの霊を祀る馬魂碑がある。

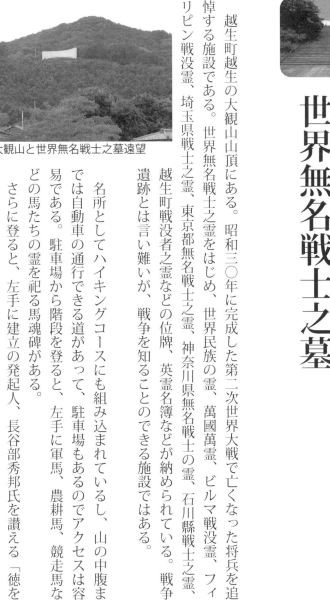

さらに登ると、左手に建立の発起人、長谷部秀邦氏を讃える「徳を讃う碑」、右手に慰霊碑がある。

さらに登ると山頂に世界無名戦士之墓の建物がある。三階建の納骨

登録有形文化財
文化庁
登録番号 第11-0195号
世界無名戦士之墓 一棟

徳を讃う碑

慰霊塔

馬魂碑

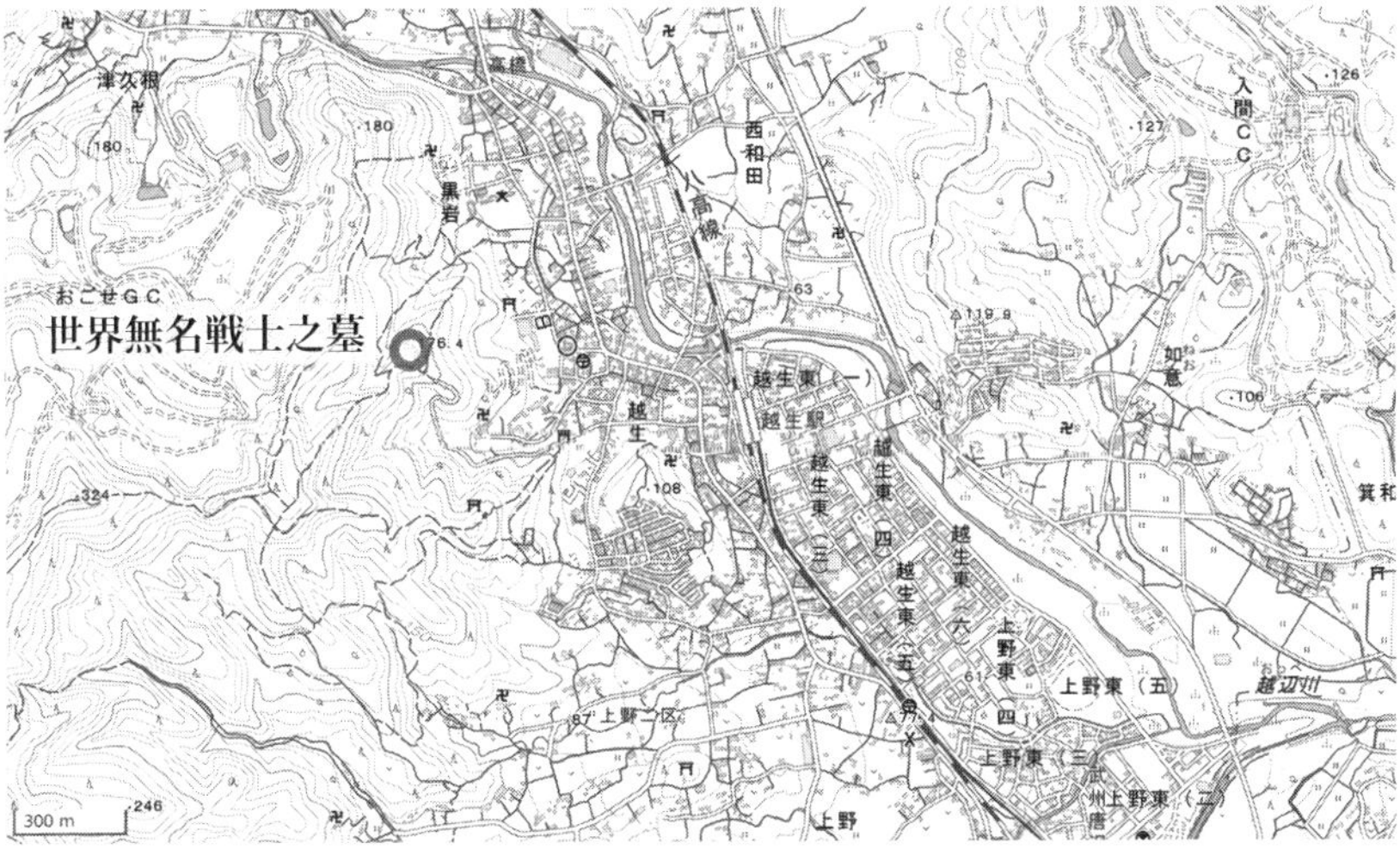

出典：国土地理院発行 2.5 万分 1 地形図

室で、位牌が祀られている。令和二年四月三日付で登録有形文化財（建造物）に登録された。屋上は展望台となっていて、景色が良い。

　毎年五月の第二土曜日には世界無名戦士之墓慰霊大祭実行委員会の主催による世界無名戦士之墓慰霊大祭並びに越生町戦没者追悼式が催される。

参考文献
越生町ホームページ
「近代史跡・戦跡紀行～慰霊巡拝」（ホームページ）

埼玉県における学童集団疎開受入状況

埼玉県平和資料館『学舎の子どもたち』（1994）所収の一覧を簡略化

学校名	疎開先	現市町村名	学寮施設
神田区（現千代田区） 錦華国民学校	本庄町	本庄市	安養院 仏母寺 慈恩寺 泉林寺
	児玉町		玉蓮寺 実相寺 玉蔵寺 島屋旅館
	丹荘村	神川町	長慶寺 普門寺
	青柳村		大光普照寺 石重寺
神田区 神田国民学校	本庄町	本庄市	円心寺
	賀美町	上里町	大光寺
	神保原村		安盛寺 善台寺
	七本木村		休安寺
神田区 千桜国民学校	加須町	加須市	光明寺 野金料理店
	三俣町		龍蔵寺 地蔵院
	樋遣川村		聖徳寺
	騎西町		浄楽寺 玉敷神社
神田区 橋本国民学校	荒木村	行田市	東福寺 真観寺
	忍町		宝積寺 港屋旅館 蓮華寺 正覚寺

学校名	疎開先	現市町村名	学寮施設
神田区 西神田国民学校	不動岡村	加須市	総願寺
	手子林村	羽生市	冨徳寺 福生院
	羽生町		建福寺 正覚院
	井泉村		源長寺 長善寺
	新郷村		祥雲寺
神田区 芳林国民学校	幸手町	幸手市	聖福寺 正福寺 朝万旅館 義語屋旅館
	栗橋町	栗橋町	浄信寺 顕正寺 深広寺
	静村		宝聚寺
神田区 小川国民学校	幸松村	春日部市	仲蔵院 浄春院
	宝珠花村		宝蔵院
	桜井村	杉戸町	倉常寺
	富岡村	幸手市	正明院 宝聖寺
神田区 淡路国民学校	吉川町	吉川市	延命寺
	旭村		正覚寺
	松伏領村	松伏町	静栖寺
	金杉村		観音寺
神田区 今川国民学校	篠津村	白岡市	忠恩寺 興善寺
	三箇村	久喜市	永勝寺 長龍寺
	菖蒲町		吉祥院 永昌寺
	小林村		正眼寺
	栢間村		幸福寺

学校名	疎開先	現市町村名	学寮施設
神田区 神龍国民学校	岩槻町	さいたま市	浄安寺 芳林寺 新成（勝）寺
	慈恩寺村		宝国寺 常源寺
神田区 鎮成国民学校	柏崎村	さいたま市	常福寺 浄国寺
	和土村		普慶院 法華寺
神田区 佐久間国民学校	潮止村	八潮市	西蓮寺 普門寺
	桜井村	越谷市	林西寺
	増林村		林泉寺 勝林寺
	大相模村		（不明）
京橋区（現中央区） 月島第一国民学校	秩父町	秩父市	広見寺 天理教教会 工民道場
	高篠村		湯屋旅館 常泉寺 公会
	横瀬村	横瀬町	長興寺 天理教教会 法長寺
京橋区 月島第二国民学校	小鹿野村	小鹿野町	鳳林寺 正永寺 十輪寺 坂本屋
	尾田蒔村	秩父市	円福寺
京橋区 月島第三国民学校	三田川村	小鹿野町	徳蔵院 法正寺 森本旅館
京橋区 鉄砲洲国民学校	野上町	長瀞町	光明寺 総持寺 野上分教会

学校名	疎開先	現市町村名	学寮施設
京橋区 佃島国民学校	皆野町	皆野町	円福寺 万福寺 末広旅館
	国神村		長興寺 長言寺 長楽寺
	三沢村		医王寺 天理教教会
	原谷村	秩父市	東昌院 瑞岩寺
京橋区 明正国民学校	荒川村	秩父市	円通寺
	影森村		金仙寺 大淵寺 円融寺
	久那村		法林院 巴川荘
京橋区 明石国民学校	寄居町	寄居町	正龍寺 善導寺 極楽寺 竜源寺
	花園村	深谷市	寿楽院 長善寺
京橋区 泰明国民学校	新会村	深谷市	東雲寺 大林寺 正伝院 宝蔵院 社務所
	八基村		妙光寺
京橋区 京橋国民学校	深谷町	深谷市	稲荷神社 滝宮神社 西運寺 三高院
	大寄村		円能寺 永光寺
京橋区 京橋昭和国民学校	奈良村	熊谷市	集福寺 長慶寺 常楽寺
	太田村		能護寺
	男沼村		医王寺

学校名	疎開先	現市町村名	学寮施設
京橋区 築地文海国民学校	男衾村	寄居町	昌国寺
	小原村	熊谷市	保泉寺 宝光寺 常安寺 満讃寺
京橋区 京華国民学校	熊谷市	熊谷市	龍淵寺 一乗院 長福寺 東竹院 超願寺 永福寺
日本橋区（現中央区） 常盤国民学校	福田村	滑川町	成安寺
	大岡村	東松山市	妙安寺
日本橋区 十思国民学校	野本村	東松山市	浄光寺 無量寿寺 万松寺 龍性屋
	西吉見村	吉見町	長源院
日本橋区 日本橋城東国民学校	松山町	東松山市	大正屋 長多屋
	唐子村		浄空院
日本橋区 有馬国民学校	菅谷村	嵐山町	松月楼 安養寺 向徳寺
	玉川村	ときがわ町	松月寺 町田屋
	亀井村	鳩山町	西福寺
日本橋区 久松国民学校	加納村	桶川市	医王院 本学院 光照寺
	桶川町		知足院
	伊奈村	伊奈町	法光寺
	北本宿村	北本市	寿命院 多聞寺

学校名	疎開先	現市町村名	学寮施設
日本橋区 阪本国民学校	平方町	上尾市	馬蹄寺
	植水村	さいたま市	林光寺
	片柳村		万年寺
	馬宮村		高城寺
日本橋区 東華国民学校	大家村	坂戸市	永源寺
	毛呂山村	毛呂山町	長栄寺 高福寺
	越生町	越生町	越生館
日本橋区 千代田国民学校	名栗村	飯能市	竜泉寺 楞厳寺
	飯能町	飯能市	長光寺 宝蔵寺
		入間市	円照寺
	高萩村	日高市	宝蔵寺 長松寺
日本橋区 浜町国民学校	東吾野村	飯能市	福徳寺
	吾野村		法光寺
	高麗川村	日高市	松福院 光音寺
武蔵野町（現武蔵野市） 成蹊国民学校	栢間村	久喜市	正法院

埼玉県立博物館『埼玉県の近代化遺産』
（埼玉県教育委員会 1996）**収録の戦争関係遺構**

※市町村名は刊行当時の物

名称	住所	概要
凱旋橋	川口市本町	明治三九年、日露戦争出役兵士の凱旋を記念して建設
西武鉄道　山口線客車三号	新座市野火止	九七式軍用客車が種車
西武鉄道　山口線客車二三号	新座市菅沢	九七式軍用客車が種車
旧中島飛行機 大宮製作所の大煙突	大宮市宮原町	昭和一七年、中島飛行機のエンジン製造工場の排煙施設
旧東京第一陸軍造兵廠 大宮製造所	大宮市日進町	陸軍の光学兵器を統括するため設置された工場
日本陸軍九七式軽貨物車	川越市	陸軍の制式貨車
旭橋	所沢市御幸町	明治三四年、所沢飛行場開設に伴い架設　昭和五年に架替
西武鉄道蒸気機関車　三号機	所沢市	陸軍の軍用機関車Ｅ一一〇三号
射撃演習場跡	所沢市上山口	軍人の射撃練習に利用
軍事用半地下式倉庫	所沢市中富南	軍事用の燃料等を空爆から避けるための収納庫
旧東京第一陸軍造兵廠 川越製造所水槽塔	上福岡市福岡	造兵廠の各施設に給水
旧東京第一陸軍造兵廠 川越製造所物置（六号家）	上福岡市福岡	造兵廠内医務室の医療関係備品収納庫
旧東京第一陸軍造兵廠 川越製造所雷管填実工室 （一一二号家）	上福岡市福岡	雷管に火薬を填実する工場
旧東京第一陸軍造兵廠 川越製造所雷管乾燥工室 （一一五号家・一一六号家）	上福岡市福岡	雷管の乾燥を行っていた施設二棟
旧東京第一陸軍造兵廠 川越製造所雷管撰分工室 （一一七号家）	上福岡市福岡	雷管の撰分を行っていた施設
旧東京第一陸軍造兵廠 川越製造所医務室 （二〇〇号家）	上福岡市福岡	製造所職員の診療所

名称	住所	概要
旧東京第一陸軍造兵廠 川越製造所防爆塀	上福岡市福岡	爆弾製造工室の誘発を防ぐ塀
旧東京第一陸軍造兵廠 川越製造所電気室（三七号家）	上福岡市福岡	造兵廠内の配電所
旧東京第一陸軍造兵廠 川越製造所倉庫 （七五〜七七号家）	上福岡市福岡	弾薬を保管した倉庫
旧東京第一陸軍造兵廠川越製造所 雷管填実室八号室 （五三号家・五八号家）	上福岡市福岡	弾薬の雷管を填実する施設2棟
旧東京第一陸軍造兵廠 川越製造所仮置室（二六一号家） ・溶剤置室（二六二号家）	上福岡市福岡	弾薬用の資材倉庫
旧陸軍坂戸飛行場弾薬庫	坂戸市千代田	ほぼ同型の弾薬庫二棟
旧陸軍坂戸飛行場防火用水	坂戸市千代田	防火用水の水槽二基
旧陸軍坂戸飛行場の境界杭	坂戸市千代田	コンクリート製境界杭
新相原橋	日高市高萩	高萩飛行場に直行する道路の橋として架設
吉見百穴地下軍事工場	吉見町北吉見	中島飛行機大宮工場を地下に移転する目的で建設
立川航空廠跡	滑川町福田	立川航空廠の飛行機用部品の備蓄と組立てを目的として施工
日本陸軍三一形軽貨車	横瀬町	陸軍の制式貨車
旧東京陸軍航空補給廠 寄居出張所宿舎	寄居町三ヶ山	軍事工場労働者の宿舎
旧東京陸軍航空補給廠 寄居出張所酒保	寄居町三ヶ山	軍事工場の酒保
旧東京陸軍航空補給廠 寄居出張所内弾薬庫（一）	寄居町三ヶ山	軍事工場の弾薬庫
旧東京陸軍航空補給廠 寄居出張所内弾薬庫（二）	寄居町三ヶ山	軍事工場の弾薬庫
旧東京陸軍航空補給廠 寄居出張所内弾薬庫（三）	寄居町三ヶ山	軍事工場の弾薬庫
旧陸軍造兵廠	岡部町櫛挽	武器・弾薬庫として使われていた倉庫二棟
豊国産業㈱第一工場	加須市愛宕	戦時中の軍需工場

おわりに

インターネットを漠然と見ていた時、こんな記事を目にした。東日本大震災の時、避難所に避難していた老婦人に、記者が「怖くないですか？」と尋ねた。老婦人は「爆弾が落ちてくるわけじゃないから怖くない。」と答えた。出典も不明だし、そもそも事実なのかどうかもわからないが、数十年前の日本人が、常にこのような恐怖を抱えて日々生活していたのは事実である。今この文章を校正している間にも、ウクライナでは戦争が続いている。しかし、少なくとも今のところは日本に、私たちの頭上に爆弾が降り注ぐことはない、と思える（思いたい）。空襲の恐怖を知っている方からみれば、今の日本は平和そのものだろう。

しかし、歴史から学ぶ、という点ではどうだろう。空襲が日常化し、工場は地上ではなく地下に造られ、日用品は配給、金属は供出、子供は疎開……。本気で日本が勝つと思っていた人はどのくらいいたのだろう。なぜもっと早く戦争をやめることができなかったのか。戦争が長引いたため失ったものはあまりに多い。まだコロナ禍は完全には終息していないし、東京オリンピックや安倍元首相の国葬など、世論が分かれる事もあった。そんな時、過去から学ぶことはたくさんあると思っているのだが。

まとめていて重要だと思ったのは、高校生の活動である。最近刊行された『最後の空襲熊谷』には、県立小川高等学校社会研究部・県立伊奈学園総合高等学校歴史研究会・県立熊谷女子高等学校日本史部の生徒による空襲体験者へのインタビューが掲載されている。その他参考文献として挙げたもので高校生の調査によるものは多いし、本書で取り上げられなかった高校生たちの地道な調査は多い。これらがなければ、本書は成立しなかったかもしれない。おじさん（いや、そろそろおじいさんか？）も負けてられないな、と思った。

本書を作成するにあたっては、市町村史をはじめとする文献、広報、新聞記事のほか、インターネットで閲覧できる記事も参考とした。コロナ禍のため図書館の利用制限があったりして、確認できなかった文献も多いのは心残りだ。自衛隊敷地内も、残念ながら見学する余裕がなかった。ネット上には戦争に関する遺跡などを紹介するサイトが多くある。有益なものも多い。ただ、そもそも記事が掲載されているホームページのタイトル自体が不明（私がわからないだけなのかもしれないが）なものもあるし、作成者（管理者と言うのかな？）も匿名のものが多いし、掲載すらされていないものも多いため、参考文献として取り上げられなかったものや、取り上げたが名称が誤っているものもあるかもしれない。失礼ながら、ご了承いただきたい。新聞記事で毎日新聞が多いのは、たまたま自分が購読していることもあるが、インターネット上で過去の記事が検索しやすいことも理由である。

本書はそもそも数年前に刊行を企画していたものである。しかし、当時の自分は仕事に追われて本書で取り上げた場所を訪ねる余裕もなく、結局今になってしまった。その間に失われたものもあったろう。もっと早ければ取り上げられたものもあったと思われる。今回取り上げたものでも、もしかしたら、筆者の探訪後に失われてしまったものもあるかもしれない。参考に『埼玉県の近代化遺産』に掲載された戦争関係の遺構をのせておいたが、そのほとんどが現存していないことに愕然とする。本書を参考に現地に行ったら既になかった……ということがあれば申し訳ない。一方で桶川の旧熊谷陸軍飛行学校桶川分教場や上武大橋のように、整備・公開された姿を紹介できたものもある。今後新しく発見され、公開されるものもあるだろう。もしかするとそれらを紹介する機会もあるのかもしれない。正直なところ、いまだに「え?こんな文献があったのか」とか、「こんなものもあったんだ」の連続で、まだまだそれは続くだろう。

ちなみに、本書はもっと写真の少ないものを想定していたのだが、まつやま書房の担当がノリノリ?で写真を多くいれていただいた。おかげで見易いものになったと思う。感謝したい。

福岡県や沖縄県では、県による戦争遺跡報告書が刊行されている。できれば、埼玉県でも戦争に関する「モノ」の全容を把握する調査が行われ、保存を検討する基礎となってくれればいい、と思う。本書がそのきっかけとなるなら、うれしいことである。

著者紹介

関口　和也（せきぐち　かずや）

1964年、埼玉県川越市に生まれる。上智大学文学部史学科卒。

市役所職員として、文化財保護係在職中に埼玉県の近代化遺産調査、学童疎開調査、国立歴史民俗博物館の板碑データベース作成のための調査等に従事。2019年、市役所を退職するが、諸事情により同じ市役所でのアルバイト、再就職、退職を繰り返し現在に至る。城郭史料研究会会員。

執筆に参加したものとして、
『図説中世城郭事典　1』（新人物往来社　1987）
『日本中世史研究事典』（東京堂出版　1995）
『図解近畿の城郭Ⅰ～Ⅴ』（戎光祥出版　2014～2018）
『近世城郭の謎を解く』（戎光祥出版　2019）など。

埼玉県の戦争遺跡

2023年4月30日　初版第一刷発行
著　者　関口　和也
発行者　山本　智紀
印　刷　モリモト印刷株式会社
発行所　まつやま書房
〒355－0017　埼玉県東松山市松葉町3－2－5
Tel.0493－22－4162　Fax.0493－22－4460
郵便振替　00190－3－70394
URL:http://www.matsuyama－syobou.com/

ISBN 978-4-89623-189-2 C0021